要件事実入門

初級者編

第3版

岡口　基一●著

創耕舎

第3版はしがき

1 訴訟を提起するには、訴状を作成する必要があり、訴訟を提起された側は、答弁書を作成する必要があります。

訴状、答弁書などの裁判文書においては、生の事実をそのまま記載するのではなく、それを法的な見地から再構成した事実を記載する必要があります。これが、要件事実とよばれるものです。

2 法曹の作成した裁判文書と、法曹以外の方が作成された裁判文書の違いは、すぐにわかります。裁判文書に、生の事実ではなく、要件事実を記載することは、法曹の最低限の素養であり、法曹を目指される方や、裁判文書を作成する業務に就こうと思われている方は、要件事実論を理解した上で、要件事実を正確に記載するためのトレーニングをする必要があります。

3 本書は、要件事実を初めて学ぶみなさんのために、要件事実論の初歩を解説したものであり、まずは司法研修所民事裁判教官室の見解を修得すべきであるとの見地から、基本的には、この見解に沿った内容となっています。

初学者向けの要件事実の入門書である「新問研」及び「紛争類型別」は、説明が十分でない箇所が多く、特に後者は内容が難解でもあるため、初学者が読みこなすのは困難です。まず、本書で要件事実論を一通り理解した上で、これらの文献に進みましょう。

また、本書には、過去の予備試験の全問題（論文式・法律実務民事）のほか、民事保全、民事執行及び書証の成立についての簡単な説明もあります（なお、本書の問題は全て平成29年改正後の民法を適用しています）。

4 本書の作成には、創耕舎の皆様からの多大なる助力がありました。この場を借りて厚くお礼を申し上げます。

令和3年12月

岡口基一

◇凡　例◇

本書中の略語は、以下のように用いた。

【法令名】

借地借家 ………………借地借家法
商 …………………商　法
不　登 …………………不動産登記法
民 …………………民　法
民　執 …………………民事執行法
民　訴 …………………民事訴訟法
民訴規 …………………民事訴訟規則
民　保 …………………民事保全法

【裁判例集】

民　録 …………………大審院民事判決録
民　集 …………………最高裁判所民事判例集
　　　　　　　　　　　大審院民事判例集
裁判集民 ………………最高裁判所裁判集　民事
判決全集 ………………大審院判決全集
新　聞 …………………法律新聞

【文献等】

最判解民 ………………最高裁判所判例解説　民事編
判　タ …………………判例タイムズ
司研・新問題研究 ……司法研修所編・新問題研究要件事実（付－民法（債権関係）改正に伴う追補－）（2020年、法曹会）

◈著者紹介◈

岡口　基一（おかぐち　きいち）

＜略歴＞

平成 6年4月　判事補
平成11年4月　東京地方裁判所知的財産権部特例判事補
平成16年4月　福岡地方裁判所行橋支部判事
平成27年4月　東京高等裁判所判事
現在　仙台高等裁判所判事

＜主要著書・論文＞

著書

『要件事実入門』（2014年、創耕舎）
『裁判官！ 当職そこが知りたかったのです。』（2017年、学陽書房）
『民事保全非訟マニュアル－書式のポイントと実務』（2019年、ぎょうせい）
『裁判官は劣化しているのか』（2019年、羽鳥書店）
『最高裁に告ぐ』（2019年、岩波書店）
『要件事実問題集（5版）』（2020年、商事法務）
『要件事実マニュアル第1巻～第5巻（6版）』（2020年、ぎょうせい）
『要件事実入門紛争類型別編第2版』（2021年、創耕舎）
『民事訴訟マニュアル－書式のポイントと実務－上・下（第3版）』（2021年、ぎょうせい）

論文

「知的財産権事件と公証実務」公証128号（2000年、日本公証人連合会）
「不正競争防止法2条1項3号」牧野利秋＝飯村敏明編『新裁判実務大系4 知的財産関係訴訟法』（2001年、青林書院）
「特許権侵害訴訟における要件事実」『知的財産権その形成と保護（秋吉稔先生喜寿記念論文集）』（2002年、新日本法規）
「著作権侵害訴訟の種類」牧野利秋＝飯村敏明編『新裁判実務大系22 著作権関係訴訟法』（2004年、青林書院）
「継続的契約の解約」加藤新太郎＝小林康彦編『裁判官が説く民事裁判実務の重要論点』（2018年、第一法規）

目　次

第４章　登記請求

第５章　民事保全・民事執行・書証の成立

第６章　司法試験予備試験の論文問題の分析

第1章
要件事実総論

1 民事訴訟の3つのステージ

1　民事訴訟の３つのステージ

民事訴訟には、請求、主張、立証の３つのステージがあり、これらのステージをいずれもクリアして勝利を掴むゲームに例えることができます。

そこで、不動産を100万円で売った場合の売買代金の支払請求訴訟を例にして、３つのステージを俯瞰してみましょう。

2　原告がゲームに勝利するには

ア　請求ステージ

原告は、訴状を提出することで訴訟を提起しますが、訴状では、いかなる請求をするのかを明らかにしなければなりません。そして、そのためには、２つのことをする必要があります

a　請求の趣旨

１つは、被告に対し、いかなる給付を求めるのかを明らかにする「請求の趣旨」です。

設例では、100万円の金員の支払を求めることになりますから、請求の趣旨は次のようになります。

請求の趣旨

被告は、原告に対し、100万円を支払え。

b　請求の根拠である請求権の特定

もう１つは、いかなる請求権に基づいて100万円の支払を求めるのかを明らかにすることです。

多くの訴訟は、被告に対する何らかの請求権を有している者が、その請求権を訴訟という方法で行使しているものですが、原告は、当該訴訟で行使する請求権が何であるのかを明らかにする必要があります。

設例の原告は、被告に対する100万円の売買代金支払請求権を有していますから、これを行使する旨を訴状の中で明らかにします。

c　被告の答弁

訴えを提起された相手方である被告は、答弁書を提出して、その中で、「請求の趣旨に対する答弁」をします。

そこで、被告が、原告の請求を認めるという答弁（＝請求の認諾）をすれば、

原告の勝利でゲームは終わります。

被告は、ゲームを続けたいのであれば、「原告の請求を棄却する。」という答弁をします。その場合、訴訟は次の主張ステージに進みます。

イ　主張ステージ

このステージでは、原告は、請求の根拠である請求権を理由付ける事実の主張をしなければなりません。これが請求原因と呼ばれるものです。

a　原告による事実の主張

請求権の発生要件は、法律又はその解釈によって定められており、例えば、売買代金支払請求権は、売買契約が成立しただけで発生するとされています。そこで、原告は、請求権が発生したことを明らかにするため、その発生要件（＝売買契約の成立）に該当する具体的事実（請求原因事実）を主張します。

請求原因

原告は、被告との間で、令和〇年〇月〇日、原告が被告に甲不動産を100万円で売るとの合意をした。

この事実の主張は、それが記載された訴状（又は準備書面）を口頭弁論期日（又は弁論準備手続期日）で陳述することによって行われます。

b　被告の認否

被告は、答弁書の中で、請求原因事実を認めるか否かを明らかにします。

被告が、請求原因事実を認めれば、その存在が確定し、請求の根拠である請求権が理由付けられたことになります。この場合、被告が下記３イの抗弁を提出しなければ、原告の勝利でゲームは終わります。

請求原因に対する認否

請求原因事実は全て認める。

他方、請求原因事実の中に、被告が否認した事実がある場合、訴訟は、次の立証ステージに進みます。

ウ　立証ステージ

このステージでは、原告は、請求原因事実のうち、被告が否認した事実の立証をしなければなりません。

a　原告による事実の立証

原告は、証拠を提出して、被告が否認した請求原因事実の立証をします。日本の訴訟は、文書を中心に事実の存否を判断しますから、設例では、売買契約書を提出するのがベストです。

➡立証の方法には、①当該請求原因事実を直接立証する証拠（＝直接証拠）による方法（例えば、契約書により契約の締結を立証する）と、②別個の事実（間接事実）を立証することで当該請求原因事実の存在を推認させる方法（例えば、100万円が支払われたなどの事実から、売買契約が締結されたことを推認させる）があります。

b 被告の反証

被告は、請求原因事実が立証されるのを妨げるために、反対証拠を提出することがあります。

c 裁判所による事実認定

裁判所は、証拠によって、事実の存否の認定をします（＝事実認定）。被告が否認した請求原因事実の存在が証拠によって立証されれば、全ての請求原因事実の存在が確定し、請求の根拠である請求権が理由付けられたことになります。被告が抗弁を提出しなければ、原告の勝利でゲームは終わります。

3 被告がゲームに勝利するには

ア 請求を争い、請求原因事実の確定を阻止

被告は、原告のターンにおける、請求、主張、立証の３つのステージにおいて、それぞれ、請求を争い、主張を否認し、反対証拠を提出することで、原告の勝利を阻止しようとします。

イ 抗弁の提出

証拠によって全ての請求原因事実の存在が認められ、請求の根拠である請求権の発生が認められそうな場合でも、被告には、まだ次の手があります。それが、抗弁の提出です。

抗弁とは、請求権の発生が認められたとしても、その後、それが消滅したから、現在においては、その請求権はないことなどを明らかにするものです。

例えば、売買契約は成立したが、その後、売買代金の支払が免除されたことによって、売買代金支払請求権が消滅したなどです。

以下、抗弁における主張・立証ステージをみてみましょう。

ウ 主張ステージ

a 被告による事実の主張

請求権の消滅要件は、法律又はその解釈により定められており、例えば、債務の免除の場合、債権者が免除の意思表示をしただけで、当該請求権は消滅するとされています。そこで、被告は、この消滅要件（＝免除の意思表示）

に該当する具体的事実（抗弁事実）を主張します。

抗　弁

原告は、被告に対し、令和〇年〇月〇日、甲不動産の売買代金債務を免除した。

この事実の主張は、それが記載された答弁書（又は準備書面）を口頭弁論期日（又は弁論準備手続期日）で陳述することによって行われます。

b　原告の認否

原告は、準備書面と呼ばれる書面を提出し、その中で、抗弁事実を認めるか否かを明らかにします。

原告が、抗弁事実を全て認めれば、その存在が確定し、請求権の存在は理由付けられなかったことになります。原告が下記４の再抗弁を提出しなければ、被告の勝利でゲームは終わります。

抗弁に対する認否

抗弁事実は否認する。

他方、抗弁の中に、原告が否認した事実がある場合、訴訟は、次の立証ステージに進みます。

エ　立証ステージ

このステージでは、被告は、抗弁事実のうち、原告が否認した事実の立証をしなければなりません。その方法は、請求原因の場合と同様です。

4　再抗弁以下の攻防

原告は、さらに、抗弁を覆滅させるための再抗弁を提出することができます。

例えば、免除の意思表示は、原告の意思能力がないときにされたものであるから無効である（民３条の２）との主張が考えられます。

再抗弁

原告は、当該免除の意思表示をしたとき、成年後見人であり意思能力がなかった。

さらに、被告は再抗弁を覆滅させるための再々抗弁を提出し、原告はそれを覆滅させるための再々々抗弁を提出し、……と続いていくこともあります。

2 ブロックダイアグラムと要件事実

1　ブロックダイアグラム

請求原因、抗弁、再抗弁……をまとめて、攻撃防御方法といいますが、さきほどの設例の攻撃防御方法を表としてまとめると、次のとおりになります。このような形で当該事件の攻撃防御方法をまとめたものを、ブロックダイアグラムといいます。

➡右横の○、×は、相手方当事者の認否を示します。

請求原因	原告は、被告との間で、令和○年○月○日、原告が被告に甲不動産を 100 万円で売るとの契約をした。	×
抗弁	原告は、被告に対し、令和○年○月○日、甲不動産の売買代金債務を免除した。	○
再抗弁	原告は、上記免除の意思表示をしたとき、成年後見人であり、意思能力がなかった。	×

2　要件事実

請求原因、抗弁等の攻撃防御方法を構成する具体的事実のことを、講学上、主要事実といいますが、これを要件事実ということもあります。

例えば、さきほどの設例の場合、請求原因の要件事実は、「原告が、被告との間で、令和○年○月○日、原告が被告に甲不動産を 100 万円で売るとの契約をした」ことになります。

3 訴状、答弁書の具体例

1　訴状の例

訴　　　　状

令和3年5月10日

松江地方裁判所御中

原告訴訟代理人弁護士　　　烏　　畝　　佳音子

〒690－0015　松江市上乃木無番地
原　　　　　　告　　　医療法人家等内科
同代表者代表理事　　　阿　　部　　高　　知
〒699－2213　島根県太田市朝山町朝倉
抹著法律事務所（送達場所）
上記訴訟代理人弁護士　　　烏　　畝　　佳音子
電話　0854－12－3456
FAX　0854－65－4321
〒683－0001　鳥取県米子市皆生温泉
被　　　　　　告　　　道　　下　　正　　木

売買代金支払請求事件
訴訟物の価額　200万円
貼用印紙額　　1万5000円

第1　請求の趣旨

1　被告は、原告に対し、200万円及びこれに対する訴状送達の日の翌日から支払済みまで年3％の割合による金員を支払え。

2　訴訟費用は被告の負担とする。

との判決並びに仮執行宣言を求める。

第2　請求の原因

1　原告は、口腔内科の専門病院を経営する医療法人であり、被告は、公園の管理会社の従業員である。

2　原告は、被告に対し、令和2年6月2日、その所有する中古自動車1台を200万円で売り、同月12日、これを引き渡した。

3　よって、原告は、被告に対し、上記売買契約に基づき、代金200万円及びこれに対する訴状送達の日の翌日から支払済みまで民法所定の年3％の割合による遅延損害金の支払を求める。

証　拠　方　法

1　甲1号証　　売買契約書
2　甲2号証　　車検証

附　属　書　類

1　訴状副本　　　　　　　　　1通
2　甲1、2号証（写し）　　　各1通
3　訴訟委任状　　　　　　　　1通

2　答弁書の例

直送済

令和３年(ワ)第22号　売買代金支払請求事件
原　　告　　医療法人家等内科
被　　告　　道　下　正　木

答　　弁　　書

令和３年７月１日

松江地方裁判所民事部　御中

〒683－0252　鳥取県米子市青木
松猪法律事務所（送達場所）
被告訴訟代理人弁護士　　阿　　部　　毛　田　守　㊞
電話　0859 － 12 － 3456
FAX　0859 － 65 － 4321

第１　請求の趣旨に対する答弁
　１　原告の請求を棄却する。
　２　訴訟費用は原告の負担とする。
第２　請求の原因に対する認否
　　請求原因事実は全て認める。
第３　抗　弁
　１　弁　済
　　被告は、原告の代理人である山川仁一に対し、令和２年10月10日、本件売買代金債務の弁済として、200万円を支払った。
　２　免　除
　　原告は、被告に対し、令和２年７月８日、本件売買代金債務を免除するとの意思表示をした。
第４　結　論
　　上記のとおりであるから、原告の請求は理由がない。

証　拠　方　法

１　乙１号証　領収書
２　乙２号証　陳述書

附　属　書　類

１　乙１、２号証（写し）　　　各１通
２　訴訟委任状　　　　　　　　１通

4 請求ステージ—1（訴訟物）

1　給付訴訟の訴訟物

請求ステージでは、原告が、請求の根拠である請求権が何であるのかを明らかにする必要があります（例えば、「原告の被告に対する甲土地の売買代金支払請求権」です）。

裁判所は、当該請求権の存否を審理し、その存在が認められれば、原告の請求を認容します（原告の勝訴）。

ところで、裁判所の審理判断の対象となる権利（又は法律関係）のことを、講学上、訴訟物といいます。

請求の根拠である請求権は、まさに審理判断の対象となるものですから、訴訟物と呼ばれることもあります（例えば、「訴訟物は、原告の被告に対する甲土地の売買代金支払請求権である」などといいます）。

2　訴訟物の基準時

訴訟物の基準時は、当該訴訟の口頭弁論が終結した日です。

第１審訴訟では、第１審の口頭弁論終結日が基準時となりますから、その日における当該請求権の存否が訴訟物になります。

➡同様に、控訴審では、控訴審の口頭弁論終結日における当該請求権の存否が訴訟物になります。なお、上告審は、続審・事実審ではなく、事後審・法律審ですので、控訴審の法律的判断の当否が審判の対象となるだけであり、基準時の問題は生じません。

そこで、民事訴訟では、口頭弁論終結日を「現在」とし、それよりも前を「過去」とし、それよりも後を「将来」とします。

過去 ←　［審判の対象（訴訟物）
＝
口頭弁論終結日（現在）における当該請求権の存否］　→ 将来

3　権利の永続性

権利は、いったん発生すると、その消滅原因が生じない限り存続し続けると考えられています。

訴訟物である請求権も、過去に発生したことが認められれば、その後に消滅した旨の抗弁が成立しない限り、基準時である現在まで存続し続けていると扱われます。

➡もっとも、物権的請求権の場合は例外です。第３章「1　物権的請求（総論）」で扱います。

例えば、売買代金支払請求権は、売買契約の成立により発生し、弁済や消滅時効などにより消滅するまで存続し続けます。

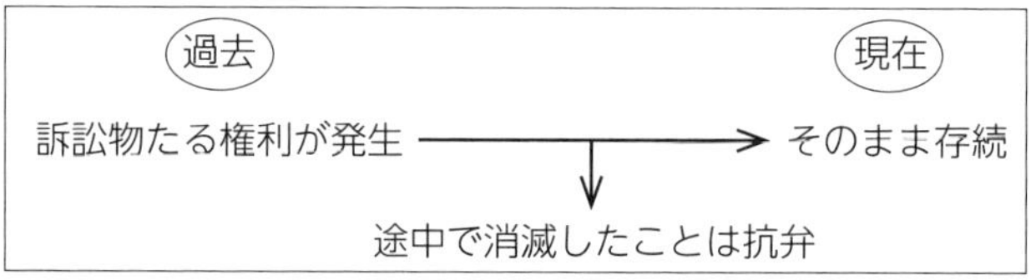

4　訴訟物の複数

ア　複雑訴訟

原告は、1つの訴えで、数個の請求を定立することができます（客観的併合）（民訴136条）し、訴訟の途中で請求を追加することもできます（訴えの追加的変更）（民訴143条1項）から、訴訟物の個数は、1つであるとは限りません。

➡例えば、売買代金支払請求と貸金返還請求を併合提起する場合、訴訟物は２個になります。

また、原告又は被告が複数である場合（主観的併合）（民訴38条）も、訴訟物の個数は複数となるのが通常です。

➡例えば、Ｙ１に対する請求とＹ２に対する請求を併合提起する場合、訴訟物は２個になるのが通常です。

イ　主請求と附帯請求

利息、遅延損害金等を、その発生原因をなす債務に係る請求（＝主請求）と同一の訴えで請求する場合を、附帯請求といいます。

➡例えば、本章「3　訴状、答弁書の具体例」の訴状では、売買代金支払請求が主請求であり、その遅延損害金請求（代金の支払が遅れたことによる遅延損害金請求）が附帯請求です。訴訟物の個数は２個になります。

附帯請求の額は、訴額（訴え提起手数料の基準となる額）に算入されません（民訴9条2項）。

➡民事訴訟法９条２項「果実、損害賠償、違約金又は費用の請求が訴訟の附帯の目的であるときは、その価額は、訴訟の目的の価額に算入しない。」

➡訴額が少なければ、訴状に貼る印紙の額が少なくて済みます。利息請求や遅延損害金請求の分の印紙は貼らなくてもよいということです。

5 請求ステージ―2(請求の選択・特定)

1　請求の選択

(1)　原告は、審判の対象(＝訴訟物)及びその範囲を、自ら設定することができ、裁判所はそれに拘束されます(民訴246条)。これを処分権主義といいます。

➡例えば、原告が、ある売買契約に基づく売買代金支払請求権を審判の対象と設定すれば、裁判所は、それに拘束され、当該売買代金支払請求権の存否の審理判断をします。

➡なお、原告は、審判の対象の範囲の設定もできますから、例えば、請求権の全部を行使せずに、その一部だけ行使することもできます(一部請求)。

(2)　請求には、契約に基づく請求、法定債権(事務管理、不当利得、不法行為)に基づく請求、物権的請求権に基づく請求などがあります。

契約に基づく請求権とその余の請求権のいずれも行使できる場合は、契約関係という特殊な関係にあることを利用しない手はありませんから、一般的な請求権よりも先に、まずは契約に基づく請求権の行使を検討します。

また、不当利得返還請求権は、実務では、補充的なものと捉えられる傾向がありますから、まずはそれ以外の請求権から考えます。

2　請求の特定

ア　概　要

原告は、訴状において、請求の趣旨及び狭義の請求原因によって請求を特定するというのが法の建前です。

➡そのため、請求の趣旨及び狭義の請求原因は、訴状の必要的記載事項とされています(民訴133条2項2号)。

イ　請求の趣旨

請求の趣旨の具体例

被告は、原告に対し、100万円を支払え。

原告の請求が認められると、請求の趣旨と同内容の判決が言い渡されますが、この判決に基づく強制執行は別の裁判所(執行裁判所)で行われます。そこで、執行裁判所が機械的・形式的に強制執行ができるように、請求の趣旨は、給付内容だけを簡潔に表現し、訴訟物が何であるかなどは記載しません。

そのため、請求の趣旨だけでは訴訟物が明らかにならないのが通常です。

ウ　狭義の請求原因

a　意　義

狭義の請求原因とは、請求の趣旨と相まって訴訟物を特定するのに必要な事実のことをいいます（民訴規53条1項かっこ書参照）。

もっとも、事実を列挙しただけでは、訴訟物が正確に理解されるとは限りませんから、さらに、請求の法的性質の明示が必要です（下記c）。

b　訴訟物を特定するのに必要な事実

(1)　債権的請求権の場合

債権的請求権は、同一当事者間に同一内容の権利が併存し得ることから、権利・義務の主体及び権利内容に加え、権利の発生原因である歴史的事実によって特定する必要があります。

例えば、売買代金の支払請求であれば、権利主体（原告）、義務主体（被告）、権利内容（売買代金の支払請求）のほか、権利の発生原因である売買契約の成立を主張します。

これらの要素によって、債権的請求権は次のように特定されます。

原告の、被告に対する、原被告間で令和○年○月○日に成立した売買契約に基づく代金支払請求権

(2)　物権的請求権の場合

物権的請求権は、権利・義務の主体、権利の対象物及び権利内容だけで特定することができます。

例えば、A土地の占有侵奪者に対し、その返還を請求する場合、権利主体（原告）、義務主体（被告）、権利の対象物（A土地）、権利内容（所有権に基づく返還請求としての明渡請求）を主張すれば足ります。

これらの要素によって、物権的請求権は次のように特定されます。

原告の、被告に対する、所有権に基づく返還請求権としてのA土地の明渡請求権

(3)　広義の請求原因の記載との関係

訴状には、広義の請求原因（本章「6　主張ステージ―1（攻撃防御方法）」2参照）の要件事実が記載されるのが通常です。

➡法令上は訴状の必要的記載事項ではありませんが、早期の争点把握などのため、実務

上記載が求められているものです。

そして、この記載がされると、その中に、狭義の請求原因の記載も含まれるのが通常です。

➡そのため、訴状において、広義の請求原因とは別に狭義の請求原因が記載されることは通常はありません。

➡このように、狭義の請求原因は広義の請求原因の中に埋没してしまっているため、訴状の「請求原因」を見ても訴訟物を正確に理解することはできるとは限りません。そのため、下記ｃの「よって書き」が必要とされています。

ｃ　請求の法的性質の明示―よって書き

訴状では、請求原因の記載に続けて、いかなる訴訟物を選択したかを明らかにするために、「よって、原告は、被告に対し、本件売買契約に基づき、代金○万円の支払を求める。」などの記載がされるのが通例です。

本章「３　訴状、答弁書の具体例」の訴状の「よって書き」を見ると、訴訟物が「当該売買契約に基づく200万円の代金支払請求権」と「訴状送達日の翌日から当該売買代金が支払われるまでの間の遅延損害金請求権」であることがわかります。

➡このように、訴訟物の特定は、「よって書き」という法令上の根拠のないものによってされているのが実務です。

6 主張ステージ ── 1（攻撃防御方法）

1 概 要

主張ステージでは、各当事者が、請求原因、抗弁などの攻撃防御方法を提出し、それを構成する要件に該当する具体的事実（＝要件事実）の主張をします。

2 広義の請求原因

広義の請求原因（以下、単に「請求原因」といいます）とは、原告が、請求を理由付ける事実（民訴規53条1項参照）として、訴訟物たる請求権の発生要件に該当する具体的事実を主張するものです。

例えば、売買代金支払請求訴訟であれば、その訴訟物である代金支払請求権は「売買契約の成立」によって発生しますから、これに該当する具体的事実として、「原告は、被告に対し、令和○年○月○日、A建物を○万円で売った。」などの事実を主張します。

なお、例外的にですが、請求権の発生要件以外のものが請求原因事実になることもあります。

請求原因	請求権の発生要件に該当する事実 （ただし、若干の例外がある）

3 抗 弁

ア 概 要

抗弁とは、被告が、原告の請求を排斥するために、訴訟物である請求権の発生を障害させる要件、請求権を消滅させる要件、又は、請求権の行使を阻止する要件に該当する具体的事実を主張するものです。

障害の抗弁	請求権の発生障害要件に該当する事実
消滅の抗弁	請求権の消滅要件に該当する事実
阻止の抗弁	請求権の行使阻止要件に該当する事実

ただし、抗弁事実は、請求原因事実と両立するものでなければなりません。

イ 障害の抗弁

訴訟物である請求権は、その発生が障害されたため発生しなかったとの主張であり、請求権の発生障害要件に該当する具体的事実を主張するものです。

例えば、契約に基づく請求に対する虚偽表示無効の抗弁がこれに当たります。

➡請求原因で主張されている契約は、合意を仮装したものにすぎず、無効である（民94条1項）から、それに基づく請求権は発生していないとの抗弁です。

ウ　消滅の抗弁

訴訟物である請求権は、発生したものの、基準時である口頭弁論終結日よりも前に消滅したとの主張であり、請求権の消滅要件に該当する具体的事実を主張するものです。

例えば、消滅時効の抗弁がこれに当たります。

➡口頭弁論終結日より前に、当該請求権の消滅時効が完成し、被告がこれを援用したとの抗弁です。

エ　阻止の抗弁

訴訟物である請求権は、存在しているが、行使することができないとの主張であり、請求権の行使阻止要件に該当する具体的事実を主張するものです。

例えば、履行期限の抗弁がこれに当たります。

➡当該請求権は、存在しているが、口頭弁論終結日に履行期限が到来していないため、行使することができないとの抗弁です。

4　再抗弁

(1)　再抗弁とは、原告が、抗弁による法律効果（請求権の発生障害・消滅・行使阻止）を覆滅させるために、当該法律効果の発生を障害する要件、又は、当該法律効果を消滅させる要件に該当する具体的事実を主張するものです。

➡抗弁による法律効果が権利の発生である場合、その権利の行使を阻止する要件も再抗弁になります。

障害の再抗弁	抗弁による法律効果の発生障害要件に該当する事実
消滅の再抗弁	抗弁による法律効果の消滅要件に該当する事実
阻止の再抗弁	抗弁により発生した権利の行使阻止要件に該当する事実

ただし、再抗弁事実は、請求原因事実及び抗弁事実と両立するものでなければなりません。

また、再抗弁は、抗弁による法律効果を覆滅させることで請求原因による請求権の存在を復活させるものでなければなりません。

(2)　例えば、消滅時効の抗弁に対して、時効の完成猶予が再抗弁になります。消滅時効の抗弁により「請求権の消滅」という法律効果が発生しますが、時効の完成が猶予されていれば、かかる法律効果の発生は障害され（障害の再抗弁)、請求原因の法律効果である請求権の存在が復活します。

5　再々抗弁以下

再抗弁による法律効果の発生障害要件、消滅要件等であって、抗弁による法律効果を復活させるものが再々抗弁となります。

さらに、再々抗弁による法律効果の発生障害要件、消滅要件等であって、再抗弁による法律効果を復活させるものが再々々抗弁となります。

以下、再々々々抗弁、再々々々々抗弁……と、攻撃防御方法が連なることもあります。

請求原因	—	抗弁	—	再抗弁	—	再々抗弁	—	再々々抗弁……
Kg		E		R		D		T

➡抗弁以下のERDTは、エ《E》ロ《R》童《D》貞《T》と覚えます。

7 主張ステージ ―― 2（主張責任）

1　概　要

主張ステージでは、請求原因、抗弁等の攻撃防御方法を提出した当事者が、その要件事実（＝当該攻撃防御方法を構成する具体的事実）の主張をしますが、これがされなかった場合については、主張責任という一風変わった表現をします。

なお、講学上は、攻撃防御方法を構成する具体的事実のことを「主要事実」と呼んでいるため、以下、主要事実との用語を用います。

➡初学者のうちは、主要事実と要件事実は、同じものと考えておいてください。

2　弁論主義の第一テーゼ

主要事実は、当事者が主張しなければ、裁判所が、これを裁判の基礎にすることができません。これを、弁論主義の第一テーゼといいます。

➡なお、主要事実の主張は、原告被告のどちらからされてもよく（いわゆる主張共通）、例えば、請求原因の主要事実を被告が主張した場合でも、裁判所は、これを裁判の基礎とすることができます。

3　主張責任

(1)　法律要件に該当する主要事実の主張がされなければ、裁判所は、その事実を裁判の基礎にすることができないため、その事実が存在したことによる法律効果の発生が認められず、その法律効果を有利に援用しようとする当事者が不利益を受けます。

法律要件に該当する主要事実が主張されないことにより法律効果の発生が認められない不利益を、主張責任といいます。

法律要件に該当する主要事実が主張されない

↓

裁判所はその事実を裁判の基礎にできない＝ 弁論主義の第一テーゼ

↓

法律効果の発生が認められない不利益＝ 主張責任

(2)　例えば、訴訟物である請求権の発生要件に該当する主要事実が主張されなければ、仮に証拠上はその事実が認められたとしても、裁判所はそれを裁判の基礎とすることができず、請求権の発生が認められませんから、これにより不利益を受けるのは原告です。このことを、「請求権の発生要件は原告が主張責任を負う」といいます。

逆に、請求権の発生障害、消滅、行使阻止要件は、被告が主張責任を負います。

主張責任の所在

請求権の発生要件	原告
請求権の発生障害要件 請求権の消滅要件 請求権の行使阻止要件	被告

4 主張自体失当

例えば、複数の法律要件からなる抗弁を提出しながら、その一部の法律要件について主要事実の主張をしなかった場合、その抗弁は、立証ステージに進むまでもなく認められません。このような場合を、主張自体失当といいます。

➡主張自体失当とは、主張ステージで既に当該攻撃防御方法が認められない場合のことであり、上記の場合のほかに、誤った法的見解に基づく攻撃防御方法である場合（例えば最二小判平成10年6月12日民集52巻4号1087頁）などもあります。

8 主張ステージ――3（認否及び規範的要件）

1　認　否

主張ステージにおいて、相手方は、主張の認否をします。

認否には、当該事実を「認める。（＝自白）」、「否認する。」、「不知（知らない）」、「沈黙」があります。

このうち「不知」は、その事実を争った（＝否認した）ものと推定され（民訴159条2項）、他方、「沈黙」は、弁論の全趣旨（＝弁論に現れた様々な事情）から争っていると認められるとき以外は、自白した（＝認めた）ものとみなされます（いわゆる擬制自白）（民訴159条1項）。

なお、顕著な事実（公知な事実、当裁判所にとって職務上顕著な事実）は、認否が不要です（民訴179条）。

➡例えば、（時効期間の最終日である）令和〇年〇月〇日が経過したという事実です。

認否の記号

認める	否認する	不知	顕著な事実
○	×	△	顕

2　規範的要件

法律要件の大半は、事実の存在が要件となる「事実要件」です。例えば、免除の抗弁では、免除の意思表示をしたという事実の存在が要件であるため、これに該当する具体的な事実（＝要件事実）として、例えば、「原告が、被告に対し、令和〇年〇月〇日、当該債務を免除するとの意思表示をした」ことを主張立証します。

他方で、裁判所に評価されることが要件となる「規範的要件」があります。例えば、大家さんが、借家人に対し、借家の明渡しを請求する場合、「正当の事由があること」が要件です（借地借家28条）。この要件の具備のため、原告である大家さんは、「転勤から戻ってきた私自身がその建物を使う必要があること」など、明渡しを求める正当の事由があると評価されるための事実（＝評価根拠事実）を主張立証します。

これに対し、被告は、原告の主張した評価根拠事実について認否をするほかに、明渡しを求める正当の事由があると評価されないための事実（＝評価障害事実）を主張立証することができ、これについては、原告が認否をします。

➡例えば、「被告は、その建物で商売をしており、営業のため、今後もその建物を使い続ける必要があること」です。

裁判所は、立証された（又は相手方が認めた）評価根拠事実及び評価障害事実を総合評価して、「正当の事由がある」かどうかを判断します。

このように、規範的要件は、その判断構造が、事実要件とは大きく異なります。

一方当事者	評価根拠事実の主張立証	→ 裁判所　総合評価
他方当事者	評価障害事実の主張立証	

9 立証ステージ（立証責任）

1　概　要

立証ステージでは、各当事者が要件事実の存在を立証しますが、これがされなかった場合については、立証責任という一風変わった表現をします。

2　立証責任

法律要件に該当する主要事実の存在が立証されなければ、法律要件を具備していないとして、法律効果の発生が認められず、その法律効果を有利に援用しようとする当事者が不利益を受けます。

法律要件に該当する主要事実の存在が立証されないことにより法律効果の発生が認められない不利益を、立証責任といいます。

法律要件に該当する主要事実の存在が立証されない ↓ 法律効果の発生が認められない不利益＝立証責任

3　法律要件分類説

訴訟物である請求権の発生要件に該当する主要事実が立証されなければ、発生要件を具備していないとして、請求権の発生が認められませんから、これにより不利益を受けるのは原告です。このことを、「請求権の発生要件は原告が立証責任を負う」といいます。

逆に、請求権の発生障害、消滅、行使阻止要件は、被告が立証責任を負います。

立証責任の所在

請求権の発生要件	原告
請求権の発生障害要件 請求権の消滅要件 請求権の行使阻止要件	被告

このように、実体法の定める法律要件に分類して立証責任を定める考え方

を、法律要件分類説といいます。

4 主張立証責任

すでにおわかりだと思いますが、主張責任の所在と立証責任の所在は一致しています。そこで、これらは、ひとくくりにして「主張立証責任」と呼ばれます。

➡例えば、請求権の時効消滅については、被告が主張立証責任を負うなどと表現されます。

なお、主張立証責任は、公平の見地から、転換されることもあります。

➡例えば、準消費貸借契約に基づく貸金返還請求権の発生要件は、①旧債務の存在と、②旧債務を目的とする準消費貸借契約の成立ですが、このうち①については、公平の見地から、主張立証責任が転換されています。請求原因から外され、旧債務の不存在が抗弁に回ります。

第2章
契約に基づく請求

1 契約に基づく請求(総論)

1 請求権の種類

要件事実の勉強は、請求権の種類毎に整理して頭に入れていくことが有用です。

請求権には、以下のようなものがあります。

請求権の種類	具体例
契約に基づく請求権	売買契約に基づく代金支払請求権
法定債権	不法行為に基づく損害賠償請求権
物権的請求権	所有権に基づく物の返還請求権

これらのうち、法定債権については、条文に列挙されている要件に、具体的な事実をそのまま当てはめていけばよく、要件事実論に特有の論点がほとんどないため、本書では、独立の章としては取り上げません。

➡本章「4　保証債務履行請求」において、不法行為に基づく損害賠償請求権を扱っています。

➡法定債権には、ほかに、不当利得返還請求権、事務管理に基づく求償請求権等があります。

そこで、契約に基づく請求から順番にみていきましょう。

2 契約に基づく請求の類型

民法第3編第2章に定められた典型契約は、移転型(贈与、売買、交換)、貸借型(消費貸借、使用貸借、賃貸借)、役務型(請負、委任、寄託)、その他(雇用、組合、終身定期金、和解)に大別することができます。

以下、この類型ごとに、請求原因の要件事実がどうなるのかを見ていきましょう。

ア　移転型

移転型の契約に基づく請求権(例えば売買代金支払請求権)は、契約の成立によって発生し、かつ、直ちに行使することができますから、その請求における請求原因の要件事実は契約の成立だけであるのが通常です。

➡例えば、売買代金支払請求の請求原因の要件事実としては、当該売買契約が成立したことを主張すれば足ります。

イ　役務型

役務型の契約に基づく請求権（例えば請負報酬請求権）は、契約の成立によって発生しますが、例えば、請負では、仕事の完成が報酬の支払よりも先履行とされているため、公平の見地から、仕事が完成したことも、請負報酬請求の請求原因の要件事実となります。

➡委任報酬請求、寄託報酬請求も同様であり、契約が成立したことに加え、前者では委任事務を処理したこと、後者では一定期間保管したことが、請求原因の要件事実となります。

ウ　貸借型

⑴　貸借型の契約のうち、使用貸借及び賃貸借では、契約終了後の目的物の返還請求が典型的な訴訟類型になりますが、これらの請求権は、物を貸借した後、契約が終了した時に発生するため、その請求における請求原因の要件事実は、契約の成立、物の貸借（＝引渡し）、契約の終了となります。

➡例えば、賃貸人が賃借人に対し目的物の返還を求める場合の請求原因の要件事実としては、賃貸借契約が成立したことのほかに、賃貸人が賃借人に目的物を引き渡したこと、当該賃貸借契約が期間の満了などにより終了したことが必要となります。

⑵　金銭消費貸借についても、使用貸借及び賃貸借とパラレルに考え、契約の終了時に貸金返還請求権が発生するというのが、平成23年以降の司法研修所の新見解（司研・新問題研究39頁）です。

➡そこで、貸金返還請求の請求原因の要件事実としては、消費貸借契約が成立したことのほかに、当該消費貸借契約が弁済期の到来などにより終了したことも必要となります。

➡もっとも、この司法研修所の新見解は、独自の見解ともいうべきものであり、判例・実務は、貸金返還請求権が、消費貸借契約の成立時に発生すると考えています。貸金返還請求権は、弁済期到来前であっても、譲渡することができたり、被担保債権となったり、利息が発生したりするからです。しかも、司法研修所自身も、場面によっては、判例・実務説に立つことがあります（第４章「２　登記抹消請求」３ウ参照）。

エ　その他

その他に分類される契約については、要件事実論に特有の問題がほとんどないため、本書ではとりあげません。

3　契約の成立要件――冒頭規定説

民法は、第３編第２章第２～14節において、典型契約について定めていますが、各節の冒頭に掲げられた条文に、当該契約の本質的要素が定められており、これが、当該契約の成立要件になると考えられます。

例えば、請負であれば、同章第9節の冒頭規定である民法632条により、①仕事を完成させる合意と、②それに対する報酬支払の合意が、請負契約の成立要件になります。

また、賃貸借であれば、同章第7節の冒頭規定である民法601条により、①目的物を使用収益させる合意、②その対価である賃料支払の合意、③契約終了時の目的物の返還合意が、賃貸借契約の成立要件になります。

このような考え方を冒頭規定説といいますが、これが通説的な見解である（大村敦志・典型契約と性質決定40頁（1997年、有斐閣））ため、本書もこれに従うことにします。

➡また、契約に基づく請求権が発生する根拠については、当該合意をしたこと自体に基づくとする見解（合意説）もありますが、本書は、法規が、その合意に法的効力を付与したことに基づくとする法規説（学説多数説）に従っています。例えば、請負では、仕事を完成させる合意とそれに対する報酬支払の合意がされれば、民法632条がこれに法的効力を付与して、請負報酬請求権が発生すると考えるのです。

2 売買代金支払請求

X（原告）の言い分

私は、A土地を所有していましたが、令和2年6月6日に、これをYに売り、その日のうちに引き渡しました。売買代金は1000万円、売買代金の支払期日は同年7月6日と定めました。

ところが、Yは、支払期日がすぎても売買代金を支払ってくれません。そこで、私は、Yに対し、令和7年8月7日、売買代金の支払を求めて訴訟を提起しました。

Y（被告）の言い分

私は、XからA土地を買った覚えはありません。

仮に、私がXからA土地を買っていたとしても、売買代金の支払期日が令和2年7月6日ということですから、既に代金支払請求権の消滅時効が完成しています。そこで、私は、令和7年9月29日に開かれた口頭弁論期日で、これを援用しておきました。

また、仮に、消滅時効が完成していないとしても、A土地の所有名義はXのままですから、Xの請求には応じられません。

1　訴訟物

訴訟物	売買契約に基づく代金支払請求権
訴訟物の個数	1個

主文・請求の趣旨

被告は、原告に対し、1000万円を支払え。

事案を法的に分析・整理するためには、まず、訴訟物が何であるかを明らかにする必要があります。

本問の訴訟物を、債権的請求権の特定のルール（第1章「5　請求ステージ―2（請求の選択・特定）」2ウb⑴参照）に従って表記すると、次のようになります。

「原告の、被告に対する、原告・被告間で締結された売買契約に基づく代金支払請求権」

➡請求権の特定のルールに従って訴訟物を表記するものであり、請求を実際に特定するわけではありませんから、契約年月日や契約の目的等まで表記する必要はありません。

原告が権利者であり被告が義務者であるのが通常ですから、「原告の、被告に対する、」の部分は、原則形態として、表記を省略します。

➡なお、原告が権利者（訴訟物である請求権の権利者）ではない場合として、債権者代位訴訟があります。

また、契約に基づく請求において、その契約は原告・被告間で締結されたものであるのが通常ですから、「原告・被告間で締結された」の部分は、原則形態として、表記を省略します。

➡なお、原告が契約当事者ではない場合について、本章「5　譲り受けた債権に基づく請求」で取り上げます。

以上により、本問の訴訟物は、「売買契約に基づく代金支払請求権」と表記されます。

原告の、被告に対する、原告・被告間で締結された売買契約に基づく代金支払請求権
↓ ↓
原則形態なので省略　原則形態なので省略

2　請求原因

	抽象的要件	要件事実	
あ	売買契約の成立	X・Y　R2.6.6 A土地売買 代金 1000 万円	×

➡右側にある「×」は被告の否認を表します。

ア　概　要

請求原因の要件事実は、訴訟物たる請求権の発生要件等によって構成されます。

本問の訴訟物である代金支払請求権は売買契約の成立によって発生しますから、請求原因の要件事実は「売買契約の成立」に該当する具体的事実となります。

売主が目的物を所有していたこと（Xが売買契約時にA土地の所有者であったこと）や、目的物を引き渡したこと（XがYにA土地を引き渡したこと）などは、

請求原因の要件事実ではありません。

➡それなのに、問題文に、これらの情報が記載されているのは、いわゆるノイズ（不要な情報）をあえて記載することで、要件事実だけを抽出する練習をさせるためです。

イ　要件事実

売買の冒頭規定である民法555条によると、売買契約の成立要件は、「目的財産権の移転の合意」及びその対価である「代金支払の合意」です（冒頭規定説については本章「1　契約に基づく請求（総論）」3参照）。

売買契約の成立要件

目的財産権の移転の合意
代金支払の合意

そこで、X・Y間でされた合意のうち、「A土地の所有権の移転とその対価である100万円の支払の合意（＝A土地を100万円で売買する合意）」が、「売買契約の成立」に該当する要件事実になります。

その余の合意（例えば代金支払期日の合意）は、「売買契約の成立」に該当する要件事実ではないため、請求原因で主張する必要はありません。

ウ　認　否

被告は、請求原因の要件事実の認否をします。

認否の記号

認める	否認する	不　知	顕著な事実
○	×	△	顕

Yは、XからA土地を買った覚えがないと主張していますから、請求原因の要件事実を否認しています。

3　消滅時効の抗弁

	抽象的要件	要件事実	
カ	権利行使可能を知った時から５年経過	X・Y　（あ）の際、代金支払期日をR2.7.6とする合意	○
		R7.7.6　経過	顕
キ	時効の援用の意思表示 （不確定効果説・停止条件説の場合）	Y→X　R7.9.29 時効援用	顕

ア　概　要

Ｙは、訴訟物である代金支払請求権が時効消滅したとの主張をしています。

請求権の消滅要件ですから、抗弁の３分類（障害・消滅・阻止）のうち、消滅の抗弁となります。

a　時効の完成

債権者が権利行使をすることができることを知った時から５年が経過すると、消滅時効が完成します（民166条１項１号）。

b　時効の援用

時効は、当事者が援用しなければ、裁判所がこれによって裁判をすることができない（民145条）とされています。

時効学説のうちの不確定効果説・停止条件説（最二小判昭和61年３月17日民集40巻２号420頁）に立つと、時効の援用は、時効により不利益を受ける者に対する実体上の意思表示となります。

➡他方、確定効果説に立つと、裁判所に対する援用の意思の表明となります。

イ　要件事実

Ｘが代金支払請求権を行使することができるのは代金支払期日である令和２年７月６日ですが、Ｘは、当然ながら、そのことを知っています。そこで、同日の翌日（民140条）から起算して、５年後である令和７年７月６日の経過により消滅時効が完成することになります。

➡年は、「その起算日に応当する日の前日に満了」します（民143条２項）。

R2.7.6	支払期日
↓	
R2.7.7	その翌日から起算（いわゆる初日不算入）（民140条）
↓	
R7.7.6	起算日に応当する日（7.7）の前日（7.6）（民143条2項）の経過

そこで、「当該売買契約において代金支払期日を令和２年７月６日と定めたこと」と「令和７年７月６日が経過したこと」が要件事実になります。

また、不確定効果説・停止条件説に立つと、「ＹがＸに対し消滅時効の援用の意思表示をしたこと」が要件事実になります。

ウ　認　否

代金支払期日が令和２年７月６日であることは、Ｘが先に主張していたものであり、Ｙがこれを援用したことで、Ｘによる自白となります（いわゆる先行自白（大判昭和８年２月９日民集12巻397頁））。

令和７年７月６日が経過したことは、公知の事実ですから、認否の必要がありません。また、時効の援用の意思表示が口頭弁論期日（又は弁論準備手続期日）でされた場合、当裁判所にとって職務上顕著な事実となりますから、認否の必要がありません。

エ　備　考

➡仮に、Xによる訴訟提起が令和７年７月６日以前であれば、訴訟提起により時効の完成が猶予されていたところです（民147条1項1号）。また、訴訟提起に先立ち、内容証明郵便による催告がされるのが通常ですが、それが令和７年７月６日以前にされていれば、それから６か月以内に訴訟提起することで時効の完成が猶予されていたところです（民150条1項・147条1項1号）。

4　同時履行の抗弁

抽象的要件等	要件事実等
双務契約であること	(請求原因で現れている)
抗弁権を行使するとの意思の表明	「A土地の所有権移転登記手続を受けるまでは、売買代金の支払を拒絶する。」

ア　概　要

Yは、A土地の所有名義が自己に移転していないから代金支払請求に応じられないと主張しており、同時履行の抗弁を提出しているものと思われます。

➡不動産の売買では、代金支払義務と同時履行関係にあるのは、目的物引渡し義務ではなく、所有権移転登記手続協力義務です（大判大正7年8月14日民録24輯1650頁）。Yへの移転登記は、XとYが共同で申請しなければならない（第4章「1　登記訴訟総論」2⑴参照）ため、Xはこれに協力する義務を負います。

イ　同時履行の抗弁

双務契約の当事者の一方は、相手方当事者が反対債務を履行するまでは、自己の債務の履行を拒むことができます（民533条）。

これは、訴訟物である請求権の存在は認めながらも、それが行使されることを阻止するものです。抗弁の３分類（障害・消滅・阻止）のうち、阻止の抗弁となります。

ウ　抽象的要件

民法533条の定める要件は「当該契約が双務契約であること」だけですが、そのほかに「抗弁権を行使するとの意思の表明」が必要とされています。

➡同時履行の抗弁権は、それが存在しているというだけでも、一定の法律効果があります（いわゆる存在効）が、債務の履行を拒むには、抗弁権を行使することが必要とされています（大判昭和10年2月19日新聞3816号7頁）。

➡抗弁権を行使する旨の意思の表明を必要とする抗弁を権利抗弁といいます。

エ　要件事実等

(1)　売買契約は双務契約ですから、「当該契約が双務契約であること」は、請求原因において、すでに現れています。抗弁は、請求原因を前提としますから、すでに請求原因に現れている事実を、抗弁で改めて主張する必要はありません。

(2)「抗弁権を行使するとの意思の表明」は、裁判所に対して表明します。「A土地の所有権移転登記手続を受けるまでは、売買代金の支払を拒絶する」などと、同時履行関係にある2つの債務を特定する必要があります。

➡なお、意思の表明は、要件事実の主張ではありません。

オ　認　否

要件事実の主張がありませんでしたから、認否もありません。

カ　引換給付の主文

同時履行の抗弁が認められても、原告の請求が全部棄却されるのではなく、引換給付の主文になります。その意味で、同時履行の抗弁は、全部抗弁（＝請求の全部を排斥する抗弁）ではなく、一部抗弁ということができます。

➡判決の主文例は次のようになります。全部認容判決ではないため、原告のその余の請求を棄却する主文が必要となります。

1　被告は、原告に対し、A土地に係る所有権移転登記手続を受けるのと引換えに、1000万円を支払え。

2　原告のその余の請求を棄却する。

5　複数の抗弁の関係

Yは、主位的に消滅時効の抗弁、予備的に同時履行の抗弁を提出しているようにも思われますが、抗弁の順位を当事者が定めても、裁判所は、これに拘束されず、いずれの抗弁を先に判断することもできます。その意味で、複数の抗弁は、順位のない「選択的抗弁」となるのが原則です。

もっとも、一部抗弁と全部抗弁がある場合、請求を全部棄却することができる全部抗弁が先に判断され、それが認められなければ、次に、請求を一部しか棄却することができない一部抗弁について判断されるのが通常です。

➡本問でも、全部抗弁である消滅時効の抗弁の成否が先に判断されます。

➡なお、相殺の抗弁は、全部抗弁であっても、自働債権の消滅という犠牲を伴うものであるため、他の抗弁よりも後に判断されます。

複数の抗弁の関係＝当事者が順位を付けることができないという意味で、
選択的な関係

➡しかし、実際には、被告に有利な抗弁から順に判断されます。

6　事実記載例

1　請求原因
(1)　原告は、被告に対し、令和２年６月６日、Ａ土地（以下「本件土地」という。）を代金1000万円で売った（以下「本件売買契約」という。）。
(2)　よって、原告は、被告に対し、本件売買契約に基づき、代金1000万円の支払を求める。
2　請求原因に対する認否
請求原因事実は否認する。
3　抗　弁
(1)　消滅時効
ア　被告と原告は、本件売買契約の際、代金支払期日を令和２年７月６日とするとの合意をした。
イ　令和７年７月６日は経過した。
ウ　被告は、原告に対し、令和７年９月29日、上記時効を援用した。
(2)　同時履行
被告は、本件土地の所有権移転登記手続を受けるまで、その代金の支払を拒絶する。
4　抗弁に対する認否
抗弁(1)アの事実は認める。

➡請求原因の末尾に、いわゆる「よって書き」を記載して、訴訟物が何であるかを明らかにします（第１章「5　請求ステージ－２」２ウｃ参照）。

3 賃貸物明渡請求

Xの言い分

私の兄は、A土地を所有していましたが、令和元年12月25日に、これをYに賃貸し、その日のうちに引き渡しました。

賃貸条件は、駐車場として使用すること、賃料は月額5万円、敷金は10万円、賃貸期間は同月26日から令和3年12月25日までというものでした。

私の兄は、令和4年12月24日に死亡しました。兄は、生涯独身で子がおらず、両親や祖父母も早くに死亡していたため、私が兄を相続しました。

私は、Yに対し、令和6年12月26日、賃貸期間が経過しているとして、A土地の返還を求めましたが、応じてくれません。

そこで、私は、Yに対し、A土地の返還を求めると共に、返還までの間の賃料相当損害金として月額5万円の支払を求めます。

Yの言い分

Xの言い分のうち、A土地を駐車場として使用するとの賃貸条件があったことは事実と違いますが、それ以外の事実は認めます。

私は、自宅を建築するためにA土地を借りたものです。したがって、Xの請求には応じられません。

1 訴訟物

訴訟物	賃貸借契約の終了に基づく目的物返還請求権としての土地明渡請求権 目的物返還債務の履行遅滞に基づく損害賠償請求権
訴訟物の個数	2個
併合形態	単純併合

主文・請求の趣旨

1　被告は、原告に対し、A土地を明け渡せ。
2　被告は、原告に対し、令和3年12月26日から明渡済みまで1か月5万円の割合による金員を支払え。

➡ **「明渡済みまで」とは、「A土地を明け渡すまで」という意味です。**

ア　概　要

事案を法的に分析・整理するためには、まず、訴訟物が何であるかを明らかにする必要があります。

本問には主請求と附帯請求がありますから、それぞれについて訴訟物を明らかにしていきましょう。

イ　主請求

賃貸借が終了すると、賃借人に、目的物の返還義務が発生します。主請求は、この義務に基づく債権的な請求であり、訴訟物は「賃貸借契約の終了に基づく目的物返還請求権としての土地明渡請求権」となります。

➡本来、「賃貸借契約に基づく土地明渡請求権」と表記すれば足りるところですが、賃貸借契約成立時に発生する賃借人の賃貸人に対する土地引渡請求権と混同しかねないので、「終了に基づく目的物返還請求権」であることを明確にしているものです。

➡なお、「明渡し」と「引渡し」の違いについては、第３章「3　所有権に基づく土地明渡請求」1⑵で取り上げます。

ウ　附帯請求

⑴　賃借人の目的物返還債務は、賃貸期間の最終日が経過すると遅滞に陥り、その翌日から、賃貸人には、目的物を使用できないことによる損害が発生します。

この損害の額は、遅滞に陥っている期間の賃料相当額とするのが通常です。

➡もっとも、賠償額の予定（民420条1項）があれば、それに従います。

R3.12.25	賃貸期間の最終日経過
↓	
R3.12.26	その翌日から起算（いわゆる初日不算入）（民140条）
↕ ⟶	この間の賃料相当額が損害
目的物返還日	

Xは、債務不履行（＝履行遅滞）に基づく損害賠償請求をしている（民415条1項）と考えられますが、その訴訟物は、「目的物返還債務の履行遅滞に基づく損害賠償請求権」となります。

➡本来、「債務不履行に基づく損害賠償請求権」と表記すれば足りるところですが、従前から、債務不履行3分類説にしたがって、上記のような表記がされています。

⑵　主請求に係る債務の履行遅滞に基づく遅延損害金請求ですから、いわゆる附帯請求に当たります。

➡附帯請求とは、利息、遅延損害金等を、その発生原因をなす債務に係る請求（主請求）と同一の訴えで請求する場合をいいます（民訴９条２項参照）。

(3)　口頭弁論終結日（＝現在）の翌日から目的物返還日までの間の遅延損害金請求は将来請求になりますが、「あらかじめその請求をする必要」（民訴135条）の要件は、類型的に充足されていると考えられています。

エ　訴訟物の個数・併合形態

訴訟物の個数が何個であるかの検討も必要であり、また、訴訟物が複数であれば、その併合形態も明らかにしておく必要があります。

本問の訴訟物の個数は２個であり、併合形態は単純併合になります。

➡併合形態には、①単純併合（複数の請求の全ての認容を求める場合）、②選択的併合（複数の請求のうちのいずれかの認容を求める場合）、③予備的併合（第１次的には主位的請求の認容を求め、それが認容されないときは予備的請求の認容を求める場合）があります。

2　請求原因

主請求

	抽象的要件	要件事実	
あ	賃貸借契約の成立	兄・Y　R1.12.25 Ａ土地賃貸借 賃料　月額５万円	○
い	目的物の引渡し	兄→Y　R1.12.25 （あ）に基づくＡ土地引渡し	○
う	賃貸期間の合意	兄・Y （あ）の際、賃貸期間 R1.12.26 から R3.12.25 までと合意	○
え	賃貸期間の経過	R3.12.25 経過	顕
お	被相続人の死亡	兄　R4.12.24 死亡	○
か	相続人であるための身分関係	X　兄の弟	○
き	相続人との同時存在	X　兄の死亡時に生存	○
く	先順位相続人の不存在	兄　子がおらず、（お）の際、 生存している直系尊属が不存在	○

附帯請求（主請求の要件事実に加えて）

	抽象的要件	要件事実	
け	損害額	Ａ土地の賃料相当額　月額５万円	○

ア　主請求の請求原因の概要

賃貸借終了時に発生する目的物返還請求権の発生要件は次の３つであり、これらに該当する事実が主請求の請求原因の要件事実となります。

①　賃貸借契約の成立

②　賃貸人が、①に基づいて、賃借人に目的物を引き渡したこと

③　賃貸借の終了（本問では賃貸期間の経過）

また、Xは、兄から、上記請求権を相続していますから、相続の要件事実も必要となります。

イ　賃貸借契約の成立

賃貸借の冒頭規定である民法601条によると、賃貸借契約の成立要件は、「目的物を使用収益させる合意」、その対価として「賃料を支払う合意」及び「契約終了時の目的物の返還合意」です。

賃貸借契約の成立要件

目的物を使用収益させる合意
賃料支払の合意
契約終了時の目的物の返還合意

そこで、「賃貸借契約の成立」に該当する要件事実は、「Xの兄とYとの間で、A土地を賃料月額５万円で使用収益させ、契約終了時に返還する合意（＝賃貸借の合意）がされたこと」になります。

ウ　引渡し

賃借人に対し目的物の返還を求めるのですから、それに先立ち、賃貸人が賃借人に目的物を引き渡したことが要件事実となります。

➡なお、賃借人が現在目的物を占有していることは要件事実ではありません。賃借人は、目的物の引渡しを受けた以上、それを現在占有していなくとも、その占有を回復するなどして賃貸人に返還する債権的義務を負うからです。

エ　賃貸借の終了

賃貸借の終了原因には、賃貸借契約の解約、賃貸借契約の解除など、様々なものがありますが、Xは、賃貸期間の満了により賃貸借が終了したとの主張をしています。

要件事実は、①当該賃貸借契約において、賃貸期間を令和元年12月26日から令和３年12月25日までとする合意をしたことと、②令和３年12月25日が経過したことになります。

オ 相 続

⑴ 賃貸借の終了により目的物返還請求権が発生した時に兄は生存していましたが、その後、兄が死亡したことから、Xは、兄について発生した同請求権を相続したことになります。

➡**他方、附帯請求の訴訟物である損害賠償請求権は、兄の死亡日までの分は、いったん、兄に帰属し、これをXが相続したものであり、死亡日の翌日以降の分は、当初からXに帰属したものとなります。**

⑵ 相続の要件事実は、通常は、次の①～③に該当する事実ですが、本問のように最先順位の相続人ではない場合、先順位相続人がいないことも主張させるべきですから、④に該当する事実も要件事実になると解されます。

① 被相続人が死亡したこと

② 当該者が相続人となる身分関係があること

③ 被相続人の死亡時に当該者が生存していたこと

④ 先順位相続人の不存在

相続人の順位（民887条・889条・890条）

配偶者 （常に相続人）	第1順位　子（又はその代襲・再代襲……相続人） 第2順位　直系尊属 第3順位　兄弟姉妹（又はその代襲相続人）

一方、「同順位相続人の不存在」は要件事実になりません（「同順位相続人の存在」が抗弁に回ります）。例えば、本問で、「X以外には生存兄弟姉妹（又はその代襲相続人）がいないこと」は要件事実になりません。

➡**同順位相続人は私「のみ」であると主張しなくてもよいことから「非のみ説」と呼ばれています。**

➡**もっとも、仮に、X以外にも生存兄弟姉妹がいて、A土地が遺産共有であったとしても、本問の目的物返還請求権は、いわゆる不可分債権として、Xが単独で行使することができます（最二小判昭和44年7月24日裁判集民96号381頁）。そこで、他に生存兄弟姉妹がいることは、主請求との関係では抗弁になりません。**

カ 附帯請求の請求原因

附帯請求は、履行遅滞に基づく損害賠償請求です。

主請求の請求原因により、目的物返還債務が履行遅滞に陥ったことが現れていますから、そのほかに、損害額に関する主張として、A土地の賃料相当額が月額5万円である旨を主張すれば足ります。

➡**損害が発生したことや因果関係（履行遅滞と損害発生との因果関係）も要件事実ですが、これらは当然のこととして主張が省略されます。**

キ　認　否

Ｙは、請求原因の要件事実を全て認めています。もっとも、令和３年12月25日の経過は公知の事実ですから、認否が不要です。

3　建物所有目的の抗弁

	抽象的要件	要件事実	
サ	建物所有目的の合意	兄・Ｙ　（あ）の際、Ａ土地をＹが建築する予定の自宅の敷地として使用することを合意	×

ア　借地借家法による保護

土地の賃貸借のうち、賃借人が目的土地上に建物を所有する目的でされるものは、単なる駐車場としての利用目的などの場合と比べ、建物を所有した賃借人を保護する必要性が高いことから、特別法である借地借家法において、賃借人を保護するための規定が置かれています。

➡借地借家法は、土地の賃貸借では、建物の所有を目的とするものにのみ適用されます（借地借家１条）。

➡土地の賃貸借契約のうち、建物の所有を目的とするもののことを「借地契約」といい（借地借家４条等参照）、その賃借権のことを「借地権」といいます（借地借家２条１号）。

借地借家法は、借地権の存続期間について、30年未満の期間を定めた場合、借地権の存続期間が30年になるとしています（借地借家３条）。

➡この規定に反する特約で借地権者に不利なものは無効とされます（借地借家９条）。

イ　本抗弁の概要

Ｘは、２年と定めた賃貸期間が満了したことで賃貸借が終了したと主張していますが、当該賃貸借契約が借地契約に該当すれば、借地権の存続期間が30年となり（借地借家３条）、賃貸借が終了していないことになります。

そこで、Ｙは、当該賃貸借契約が、借地契約に該当すること、すなわち、建物の所有を目的とするものであることを、抗弁とすることができます。

この抗弁が認められると、賃貸借は終了しておらず、賃貸物返還請求権は発生していないことになりますから、本抗弁は発生障害の抗弁となります。

ウ　認　否

Ｘは、駐車場として利用する目的でＡ土地を貸したと主張しており、抗弁の要件事実の主張を否認しています。

4 事実記載例

＊Xの兄を「つかさ学」とする。

1 請求原因

⑴ つかさ学（以下「学」という。）は、被告との間で、令和元年12月25日、A土地（以下「本件土地」という。）を賃料月額5万円で賃貸するとの合意をした（以下「本件賃貸借契約」という。）。

⑵ 学は、被告に対し、令和元年12月25日、本件賃貸借契約に基づき、本件土地を引き渡した。

⑶ 学と被告は、⑴の際、賃貸期間を令和元年12月26日から令和3年12月25日までとする合意をした。

⑷ 令和3年12月25日は経過した。

⑸ 令和3年12月26日以降の本件土地の賃料相当額は月額5万円である。

⑹ 学は、令和4年12月24日、死亡した。

⑺ 原告は、学の弟であり、⑹の際、生存していた。

⑻ 学は、子をもうけたことがなく、また、⑹の際、学の直系尊属は生存していなかった。

⑼ よって、原告は、被告に対し、本件賃貸借契約に基づき、本件土地を明け渡すことを求めるとともに、賃貸借契約終了の日の翌日である令和3年12月26日から明渡済みまで1か月5万円の割合による遅延損害金の支払を求める。

2 請求原因に対する認否

請求原因⑴ないし⑶、⑸ないし⑻の事実は認める。

3 抗弁―建物所有目的

被告と学は、本件賃貸借契約に際し、本件土地を被告の建築する予定の自宅の敷地として利用することを合意した。

4 抗弁に対する認否

抗弁の事実は否認する。

4 保証債務履行請求

Xの言い分

私は、甲野太郎さんから100万円の融資を申し込まれ、Yが連帯保証をするというので、これを承諾しました。

令和2年7月7日に、私と甲野さんとYとで、金銭消費貸借契約書兼保証契約書を作成しましたが、利息を年1割とし、返済期日を令和3年7月7日と定めました。そして、その日のうちに、甲野さんに100万円の札束を手渡しました。

ところが、甲野さんは、親子間での生体肝移植などで多額の出費があったようで、利息を支払わないどころか、返済期日が過ぎても100万円を返してくれません。

そこで、私は、Yに対し、100万円に加え、利息及び遅延利息の支払を求めます。

なお、私が故意に甲野さんの眼鏡を壊したこと及び眼鏡の価額は認めますが、修理をすればまだ使えるはずです。

Yの言い分

確かに、私は、甲野さんの借入金債務を連帯保証し、その契約書に署名押印しましたが、Xは、令和3年3月4日、国会内での乱闘騒ぎの際に、甲野さんの顔を殴って、価額20万円相当の眼鏡を修理不能なまでに毀損しましたから、この損害金の限度で支払を拒絶したいと思います。

1　訴訟物

訴訟物	保証債務履行請求権
訴訟物の個数	1個

主文・請求の趣旨

被告は、原告に対し、100万円及びこれに対する令和2年7月7日から支払済みまで年1割の割合による金員を支払え。

➡「支払済みまで」とは「100万円の支払がされるまで」という意味です。

➡約定利息は消費貸借契約成立の日（最二小判昭和33年6月6日民集12巻9号1373頁）から契約終了の日まで発生し、遅延損害金は契約終了日の翌日から元金の支払日まで発生します。問題文によると約定利息の利率は年1割ですが、遅延損害金の利率も年1割になります（民419条1項ただし書）。

ア 概 要

Xは、保証人であるYに対し、保証債務の履行を請求しています。

本問の保証は「連帯保証」ですが、訴訟物は「連帯保証債務履行請求権」ではなく、単なる「保証債務履行請求権」となります。

連帯保証は、単純保証（＝連帯保証ではない保証）に、補充性（＝主債務者が履行しない場合に限り保証人が履行すべきであるということ）を排除する特約である連帯特約（民454条）が付されたものにすぎず、単純保証と同一の契約類型だからです。

連帯保証　＝　単純保証＋連帯特約
｜
訴訟物は単純保証と同じ

イ 訴訟物の個数

主債務者である甲野太郎に対し、貸金の元金・利息・遅延損害金の各支払を請求するのであれば、訴訟物の個数は3個になります（貸金返還請求権、利息請求権、履行遅滞に基づく損害賠償請求権）。

しかしながら、保証人であるYに対し、これらの各支払を請求する場合、これらの債務を1つの保証債務で保証しています（民447条1項参照）から、訴訟物の個数は、1つの保証債務に基づく履行請求として1個になります。

主債務は3個	貸金返還債務 利息支払債務 遅延損害金支払債務	←1個の保証債務

ウ 将来請求

口頭弁論終結日（＝現在）の翌日から元金の支払がされるまでの間の遅延損害金に係る保証債務履行請求は将来請求になりますが、「あらかじめその請求をする必要」（民訴135条）の要件は、類型的に充足されていると考えられています。

2　請求原因

	抽象的要件 （主債務は元本のみを掲げる）	要件事実	
あ	金員の返還約束	X・甲野　R2.7.7 100 万円の返還合意	○
い	金員の交付	X→甲野　R2.7.7 100 万円交付	○
う	返還時期の定め	X・甲野　(あ) の際、返還時期 R3.7.7 とする合意	○
え	返還時期の到来	R3.7.7 到来	顕
お	保証の合意	X・Y　R2.7.7 (あ) (い) の貸金返還債務を保証	○
か	保証の合意の書面性	X・Y　(お) の契約書作成	○

ア　概　要

保証債務履行請求権の発生要件は、次の３つです。

①　主債務の発生原因

②　保証の合意

③　②の合意が書面でされたこと

➡なお、民法 446 条 1 項は、「保証人は、主たる債務者がその債務を履行しないときに、その履行をする責任を負う。」と規定していることから、「主債務者がその債務を履行しないこと」も保証債務履行請求権の発生要件であるかのように思われますが、かかる補充性については保証人が催告・検索の抗弁を行使して争う構造になっているため、請求原因の要件事実にはなりません。このように、試験会場で六法全書を開いて民法の条文を見れば正確な要件事実が導かれるというわけでは必ずしもないため、頻出類型については、ある程度、要件事実を覚えておく必要があります。

イ　主債務の発生

主債務が発生しなければ保証債務も発生しません（成立に関する附従性）から、主債務の発生が保証債務の発生要件になります。

➡もっとも、保証債務は保証契約の成立により発生し、主債務の不存在がその発生障害要件になるという考え方も成り立ち得ます。

本問の主債務である貸金返還債務は、消費貸借契約の終了により発生します（本章「1　契約に基づく請求（総論）」２ウ⑵参照）。そこで、主債務の発生要件としては、消費貸借契約が成立したことと、それが終了したことが必要となります。

消費貸借の冒頭規定である民法587条によると、消費貸借契約の成立要件は、「貸主が借主に金員を交付したこと」と「借主が当該金員の返還を約束したこと」ですから、これらに該当する要件事実は、「Xが甲野に100万円を交付したこと」と「X・甲野間で、甲野がこれを返還するとの合意をしたこと」になります。

➡これらが同日にされていますから、諾成的消費貸借（民587条の2）ではなく、要物性の消費貸借（民587条）と考えられます。

次に、消費貸借契約の終了ですが、本問における終了原因は、貸金の返還時期の到来です。そこで、「返還時期を定めたこと」及び「その返還時期が到来したこと」に該当する要件事実として、「X・甲野間で、当該消費貸借契約において、返還時期を令和３年７月７日とする合意をしたこと」、「令和３年７月７日が到来したこと」が必要となります。

➡なお、本問の主債務のうち、利息債務の発生要件は、主債務の発生要件に加え、「年１割の利息を支払う合意」であり、また、遅延損害金債務の発生要件は、主債務の発生要件に加え、「返還時期の経過」（遅滞に陥ったことの主張）及び「年１割の利息を支払う合意」（遅延損害金の利率が年１割となる根拠（民419条１項ただし書））です。

ウ　保証契約の成立

保証契約は、書面（又は電磁的記録）でされたことが成立要件となっています（民466条２項３項）。したがって、保証の合意がされたことに加え、それが書面（又は電磁的記録）でされたことが、保証契約の成立要件として、請求原因の要件事実になります。

エ　認　否

Yは、請求原因の要件事実を概ね認めているようです。なお、令和３年７月７日の到来は、公知の事実ですから、認否が不要です。

3　保証債務の履行拒絶の抗弁

	抽象的要件	要件事実	
サ	権利の侵害	X　R3.3.4 甲野の眼鏡毀損	○
シ	故意又は過失	X　(サ) につき故意	○
ス	損害の発生及び額	20万円相当の (サ) の眼鏡修理不能	×
セ	因果関係	(サ) により (ス) が発生	○
ソ	履行拒絶するとの意思の表明	「上記不法行為債権と対当額で相殺することによって主債務が消滅する限度で、保証債務の履行を拒絶する。」	

ア　概　要

主債務者が債権者に対して相殺権を有するときは、その行使によって主債務者がその債務を免れるべき限度において、保証人は、債権者に対して債務の履行を拒むことができます（民457条3項）。

主債務者である甲野太郎がXに対して反対債権を有していることから、Yは、その限度で、保証債務の履行を拒絶することができるというわけです。

➡請求権の存在は全部（100万円）認めつつ、その一部（20万円）の行使を阻止するものです。一部阻止の抗弁となります。

イ　主債務者の債権

甲野太郎がXに対して有する債権は、不法行為に基づく損害賠償請求権です。

その発生要件は、民法709条によると、①権利（又は法律上保護される利益）の侵害、②加害者の故意又は過失、③損害の発生及び額、④権利等の侵害と損害の発生との間に因果関係があることです。

要件事実は、①Xが甲野太郎の眼鏡を毀損したこと、②Xの故意、③20万円相当の眼鏡が修理不能となったこと、④①により③の損害が発生したこととなります。

ウ　履行拒絶の意思の表明

本抗弁では、実際に相殺をするわけではないので、相殺の意思表示は不要ですが、相殺すれば消滅する限度で保証債務の履行を拒絶するとの意思の表明が必要となります。

➡抗弁権を行使するとの意思の表明が必要な抗弁ですから、権利抗弁となります。

エ　認　否

Xは、故意に甲野太郎の眼鏡を壊したことは認めていますが、修理が不能であることは争っているようです。なお、履行拒絶の意思の表明は、要件事実の主張ではないので、認否が不要です。

4　事実記載例

＊主債務は元本のみとする。

1　請求原因
(1)　原告は、甲野太郎（以下「甲野」という。）に対し、令和2年7月7日、返還時期を令和3年7月7日と定めて100万円を貸し付けた。
(2)　被告は、原告との間で、令和2年7月7日、甲野の(1)の債務を保証するとの合意を書面でした。
(3)　令和3年7月7日は到来した。
(4)　よって、原告は、被告に対し、上記保証契約に基づき、100万円の支払を求める。
2　請求原因に対する認否
請求原因(1)及び(2)の事実は認める。
3　抗弁
(1)　原告は、令和3年3月4日、甲野の眼鏡（以下「本件眼鏡」という。）を故意に壊した。
(2)　本件眼鏡は、(1)により、修理が不能となった。
(3)　壊される前の本件眼鏡の価額は20万円である。
(4)　被告は、上記不法行為債権と対当額で相殺することによって上記1(1)の債権が消滅する限度で、上記保証債務の履行を拒絶する。
4　抗弁に対する認否
抗弁(1)の事実は認め、(2)の事実は否認し、(3)の事実は認める。

➡請求原因の(1)の「貸し付けた」とは、「金員の返還約束をしたこと」と「金員を交付したこと」の両方を含む表現です。

5 譲り受けた債権に基づく請求

Xの言い分

Yは、令和4年4月5日、その所有するA土地の売却の仲介を、仲介手数料を20万円として、甲不動産株式会社に委託したところ、同年5月9日、同社の仲介により、同土地が、隣町の住民である輝前ロマ悦さんに620万円で売却されました。

私は、同年6月5日、上記の仲介によって発生した手数料債権を同社から10万円で譲り受け、同日中に、Y方に赴き、この譲受けを伝えたところ、Yは、「わかりました。」と答えました。

そこで、私は、Yに対し、上記の仲介手数料として20万円を支払うよう請求します。なお、遅延損害金の請求はしません。

Yの言い分

私は、令和4年5月23日、甲不動産株式会社に、A土地の売却の仲介手数料として20万円を支払っていますから、Xの請求に応じるつもりはありません。なお、Xが私の家に来たことはありません。

1　訴訟物

訴訟物	甲不動産株式会社・Y間の準委任契約に伴う報酬支払契約に基づく報酬支払請求権
訴訟物の個数	1個

主文・請求の趣旨

被告は、原告に対し、20万円を支払え。

ア　概　要

本問は、不動産仲介報酬債権を譲り受けたXが、債務者であるYに対し、同債権に基づく報酬支払請求をするものです。

イ　訴訟物

不動産仲介契約は、不動産の売却（又は購入）の仲介という事実行為を委任するものですから、準委任契約に当たります（最一小判昭和44年6月26日民集23巻7号1264頁)。

委任（準委任を含む）は、無報酬であるのが原則です（民643条参照）が、報酬を支払う合意をすることもできます。本問でも、仲介手数料の額を20万円とする合意があり、それに基づく請求がされています。

以上によると、本問の訴訟物は、「準委任契約に伴う報酬支払契約に基づく報酬支払請求権」となります。

➡ちなみに、本問では、報酬支払契約がなくとも、商法512条により、相当な報酬請求権が発生します。もっとも、同条に基づく報酬請求では、「相当額」の主張立証が必要となります。

ウ　訴訟物の表記

契約に基づく請求権を表記する際、契約当事者は原告と被告であるのが通常であるため、契約当事者の記載は、これまで省略していました（本章「2 売買代金支払請求」1参照）。

ところが、本問では、原告が契約当事者ではありませんから、原則に戻って、契約当事者が誰であるかも表記します。

そこで、本問では、訴訟物を「甲不動産株式会社・Y間の準委任契約に伴う報酬支払契約に基づく報酬支払請求権」と表記します。

2　請求原因

	抽象的要件	要件事実	
あ	準委任契約の成立	Y・甲不動産　R4.4.5 A土地の売却の仲介　委任	○
い	報酬支払契約の成立	Y・甲不動産　(あ) の際、仲介の報酬を20万円とする合意	○
う	委任事務の履行	R4.5.9　甲不動産の仲介により、YがA不動産を売却	○
え	債権の譲渡原因（債権の売買契約の成立）	甲不動産・X　R4.6.5 (い) の報酬債権売買 代金10万円	△

ア　概　要

Xは、甲不動産株式会社（以下「甲不動産」といいます）から譲り受けた委任報酬支払請求権に基づく請求をしていることから、同請求権の発生要件のほか、Xが甲不動産から同請求権を譲り受けたことが、請求原因の要件事実になります。

イ　委任報酬支払請求権の発生要件

本問の委任報酬支払請求権は報酬支払契約に基づくものですから、請求権の発生要件として、「準委任契約の成立」及びそれに伴う「報酬支払契約の成立」が必要となります。

そして、その要件事実は、「Yが甲不動産にA土地の売却の仲介を委託し、甲不動産がこれを承諾したこと」と「Y・甲不動産間で、その仲介手数料を20万円とする合意をしたこと」になります。

➡委任の冒頭規定である民法643条によると、委任契約の成立要件は、「法律行為の委任の合意」です。準委任の場合、「事実行為の委任の合意」となります。

なお、甲不動産は法人ですから、上記合意をしたのは、その代表者です。しかしながら、代表権の有無等に争いがなければ、あたかも法人が自ら合意をしたかのように扱うのが通例です。

➡代表権の有無等に争いがある場合は、自然人である代表者が合意をしたことを主張するほか、その者の代表権の発生原因事実を主張します。なお、商行為代理（商504条）であるため、顕名（民99条1項）は不要です。

ウ　委任事務の履行

受任者は、委任事務を履行した後でなければ、報酬を請求することができません（民648条2項）から、公平の見地から、「委任事務を履行したこと」も請求原因の要件事実になります。

➡この要件事実が加わることが、役務型契約の特徴です。

具体的には、「甲不動産の仲介によりA土地が売却されたこと」が要件事実になります。

エ　委任報酬支払請求権の譲受け

債権譲渡を主張する場合、債権譲渡の原因行為とは切り離された債権譲渡自体の主張（例えば、「当該債権が譲渡された。」との主張）をすれば足りるとする見解もありますが、判例（最二小判昭和43年8月2日民集22巻8号1558頁）が債権譲渡の独自性を否定していることから、債権譲渡をその原因行為から切り離すことはできず、債権譲渡の原因行為を主張しなければならないと考えられます。

本問の債権譲渡の原因行為は、債権の売買であり、その要件事実は、「Xが甲不動産から当該委任報酬支払請求権を代金10万円で買ったこと」となります。

オ　認　否

Ｙは、委任報酬支払請求権の発生及び受任者による委任事務の履行は認めていますが、Ｘが同請求権を買ったことについては認否をしておらず、せいぜい不知と思われます。

3　譲渡人に対する弁済の抗弁

	抽象的要件	要件事実	
カ	譲渡人に対する当該債務の本旨に従った給付	Ｙ→甲不動産 R4.5.23　20万円支払	×
キ	（カ）が当該債務の履行であること	（カ）は（い）の報酬支払債務の履行としてされた	×

ア　概　要

債務者は、債権譲受人が対抗要件を具備するよりも前に債権譲渡人に対して生じた事由をもって、債権譲受人に対抗することができます（民468条1項）。

そこで、かかる事由があることが、債権譲受人からの請求に対する債務者の抗弁となります。

もっとも、当該事由が「債権譲受人が対抗要件を具備するよりも前に生じたこと」の主張立証責任を債務者に負わせると、債務者がその立証に失敗して二重払いをするリスクが生じます。そこで、この要件は、その反対事実（当該事由が債権譲受人による対抗要件具備よりも後に生じたこと）が再抗弁に回ると考えるべきです（主張立証責任の転換）。以上によると、本抗弁の要件事実は、「債権譲渡人に対する事由が生じたこと」だけになります。

イ　弁　済

本問で、債権譲渡人（甲不動産）に対して生じた事由とは、Ｙが甲不動産に対し当該委任報酬支払債務の履行、すなわち弁済をしたことです。

弁済を主張する場合は、①当該債務の本旨に従った給付がされたことに加え、②①が当該債務の履行としてされたことの主張も必要であるとされています。

➡弁済が準法律行為であることからすると、①だけで足りそうにも思われますが、当該金員の交付が当該債務の履行であるとは限らない（全く別の、金員の贈与などかもしれない）ことから、②も必要であると考えられています。

ウ　要件事実

以上によると、本抗弁の要件事実は、「Ｙが甲不動産に20万円を支払ったこと」と、「この支払が当該委任報酬支払債務の履行としてされたこと」になります。

エ　認　否

Ｘは、抗弁の要件事実を全て否認していると思われます。Ｙは、Ｘに対し、「わかりました。」などと答えていたのに、今さら、甲不動産に弁済済みであるなどと言われても、認めるわけにはいきません。

4　抗弁の放棄の再抗弁

Ｘは、債務者であるＹの自宅に赴き、当該債権を譲り受けたことを伝えたところ、Ｙは「わかりました。」と答えています。平成29年民法改正前は、これにより、Ｙは「異議なき承諾」をしたものとされて、その後は、Ｘに対し、甲不動産株式会社に対する弁済の主張ができないことになっていました（同改正前の民法468条1項）。そこで、このことが再抗弁となったものです。しかし、同改正により、異議なき承諾の制度は廃止されました。現行民法では、債務者が、当該弁済の抗弁を放棄する旨の意思表示をしない限り、弁済の主張をすることが制限されません。債権譲渡について「わかりました。」と述べたにすぎないＹが、上記弁済の抗弁を放棄したとまでは認められませんから、本問では、抗弁の放棄の再抗弁は認められないというべきです。

5　事実記載例

1　請求原因

⑴　被告は、甲不動産株式会社（以下「甲不動産」という。）に対し、令和4年4月5日、報酬額を20万円として、Ａ土地（以下「本件土地」という。）の売却の仲介を委任した。

⑵　甲不動産の仲介により、令和4年5月9日、被告と輝前ロマ悦との間で代金額を620万円とする本件土地の売買契約が成立した。

⑶　原告は、甲不動産から、令和4年6月5日、上記委任報酬支払請求権を10万円で買った。

⑷　よって、原告は、被告に対し、上記報酬支払契約に基づき、報酬20万円の支払を求める。

2　請求原因に対する認否

請求原因⑴、⑵の事実は認め、⑶の事実は不知。

3 抗弁―譲渡人に対して生じた事由

被告は、甲不動産に対し、令和4年5月23日、請求原因(1)の委任報酬支払債務の履行として20万円を支払った。

4 抗弁に対する認否

抗弁の事実は否認する。

第3章
物権的請求

1 物権的請求（総論）

1　物権的請求の意義

物権的請求とは、物の所有者が、当該物の占有を奪われた場合に、奪った者に対し、その回復を求めるなど、物権の被侵害者が侵害者に対してする請求です。

物権が侵害されると、それに伴って、物権の被侵害者の侵害者に対する物権的請求権が発生しますが、この請求権を行使するものです。

➡なお、以下は、代表的な物権である所有権についてのみ取り扱います。

2　所有権に基づく物権的請求の３類型

物の所有者は、当該物に対する排他的支配を妨げられた場合、妨害者に対し、物権的請求権を行使することができますが、これには、次の３つがあります。

ア　返還請求権

物の所有者が、当該物の占有を奪われた場合には、侵奪者に対し、その返還を求めることができます。

➡例えば、自己所有建物が不法占拠された場合、不法占拠者に対し、所有権に基づく建物明渡請求をすることができます。

イ　妨害排除請求権

物の所有者が、当該物に対する排他的支配を、占有侵奪以外の方法で妨害された場合には、妨害者に対し、その排除を求めることができます。

➡例えば、自己の所有建物に他人が登記をしている場合、その建物の完全的な支配を妨げられているということができますから、その登記名義人に対し、当該登記の抹消を請求することができます。

ウ　妨害予防請求権

物の所有者は、将来の妨害に備えて、妨害しそうな者に対し、予め、その予防を請求することができます。

➡もっとも、実務上ほとんど現れないため、本書では取り扱いません。

所有権に基づく物権的請求権の３類型

返還請求権	占有侵奪された物の返還
妨害排除請求権	占有侵奪以外の方法による妨害の排除
妨害予防請求権	将来の妨害の予防

3　物権的請求権の発生時期・物権的請求の訴訟物

返還請求権及び妨害排除請求権は、物権が侵害され続けている限り、不断に（＝絶え間なく）発生すると考えられています。毎日毎日発生するのです。

ところで、訴訟物の基準時は現在（＝口頭弁論終結日）でしたね（第１章「４　請求ステージ―１（訴訟物）」２参照）。

そこで、物権的請求訴訟の訴訟物は、口頭弁論終結日に発生した物権的請求権であると考えられています。

2 所有権に基づく動産引渡請求

Xの言い分

私は、令和２年４月５日、Ａパソコンを、その所有者である甲から、代金20万円で買い受けました。

その後、Ａパソコンの所在がわからなくなっていたのですが、最近になって、Ｙが自宅でＡパソコンを使っていることが判明しました。

ＹがどのようにしてＡパソコンを手に入れたのかは知りませんが、Ｙには何の権利もありませんし、私がＡパソコンを誰かに譲渡したということもありません。

Ａパソコンの裏面を見れば、シールに書かれた私の氏名とメールアドレスがわかったはずであるのに、Ｙは、私に何の連絡もしていません。

そこで、私は、Ｙに対し、Ａパソコンの引渡しを求めます。

Yの言い分

私は、令和２年12月24日、Ａパソコンを、乙から、代金５万円で買い、引渡しを受けました。

私は、乙がＡパソコンの所有者であると信じていましたし、パソコンの裏面にはシールが貼られ、自演乙、岡口乙などと書かれていました。

もっとも、Ａパソコンのファイルスラック領域には、Ｘが令和２年６月１日に残したと思われる痕跡が見られましたから、Ｘがその頃にＡパソコンを所有していたことは認めます。

私は、令和５年４月５日に、Ｘと話し合いをしたところ、Ｘは、月額500円を支払うのであればＡパソコンを使い続けてもよいと言ってくれました。

1　訴訟物

訴訟物	所有権に基づく返還請求権としての動産引渡請求権
訴訟物の個数	１個

主文・請求の趣旨

被告は、原告に対し、Ａパソコンを引き渡せ。

ア　概　要

Xは、Yに対し、Aパソコンの引渡しを求めています。

その訴訟物が何であるか問題文には明記されていませんが、Xは、Aパソコンの所有者として、Aパソコンを占有しているYに対し、物権的請求権を行使しているようです。

イ　返還請求権

物の所有者は、当該物に対する排他的支配を妨げられた場合、妨害者に対し、物権的請求権を行使することができます。

所有権に基づく物権的請求権を、返還請求権、妨害排除請求権、妨害予防請求権に分類するのが通説ですが、本問のように占有の侵奪により所有権が侵害されている場合は、返還請求権が発生します。

そこで、本問の訴訟物は、所有権に基づく返還請求権としての動産引渡請求権となります。

2　請求原因

	抽象的要件	要件事実	
あ	原告の所有	X　R2.6.1 当時 Aパソコン所有	○
い	被告の占有	Y　Aパソコン占有	○

ア　概　要

自己の所有物の占有が他人に侵奪されたことで不断に発生している返還請求権のうち、まさに口頭弁論終結日（＝現在）に発生したものが訴訟物になりますから、その発生要件は、次の２つになります。

①　原告が、現在、当該物を所有していること

②　被告が、現在、当該物を占有していること

なお、被告の占有が「不法であること」が請求原因になるのではなく、被告の占有が「権原に基づく適法なものであること」が抗弁になります（最三小判昭和35年3月1日民集14巻3号327頁）。

イ　Xの所有

所有権が、他の権利と大きく異なるのは、権利自白が認められていることです。

➡例えば、原告が「私は、現在、Aパソコンの所有権を有している」と主張し、被告がこれを認めた場合、原告が現在Aパソコンの所有権を有していることが確定します。

➡所有権の権利自白を認めないと、所有権の取得原因事実の主張立証を要することになりますが、先祖代々受け継がれてきた土地などでは大昔の所有権の取得原因事実の主張立証が困難であるという事情があります。

所有権の権利自白には３つの類型があります。例えば、原告が、ある物につき、自己の現在の所有を主張したのに対し、被告は、

①　原告の現在の所有を認める場合

②　原告の現在の所有は認めないが、過去のある時点における原告の所有は認める場合

③　原告の所有は現在過去を問わず認めないが、原告の前主とされる者の過去のある時点における所有は認める場合

があります。

①の場合、権利自白により、原告の現在における所有が確定します。

②の場合、権利自白により、過去のある時点における原告の所有権の存在が確定しますが、権利は、消滅原因事実が主張立証されない限り存続するものと扱われます（第１章「４　請求ステージ―１（訴訟物）」３参照）から、原告が当該時点以降に所有権を喪失したことが主張立証されない限り、原告の現在における所有が認められます。

➡なお、過去の所有のことを「もと所有」と呼ぶことがあります。

③の場合、権利自白により、原告の前主とされる者の過去のある時点における所有権の存在が確定しますから、当該時点以降に当該者から原告へ所有権が移転したこと（例えば、当該者が原告に当該物を売ったこと）が主張立証されれば、当該者又は原告が途中で所有権を喪失したことが主張立証されない限り、原告の現在における所有が認められます。

➡前々主又はそれより前の者の所有権の権利自白の場合も同様であり、その者から原告に至るまでの所有権移転原因事実を主張立証します。

所有権の権利自白の３類型

①	Ｘの現在の所有を自白
②	Ｘの過去の所有を自白→Ｘの所有権が現在まで存続
③	Ｘの前主の所有を自白→前主からＸへの所有権移転原因事実の主張立証 →Ｘの所有権が現在まで存続

本問は②に該当します。Ｘは、令和２年４月５日にＡパソコンの所有権を取得したと主張していますが、これに対し、Ｙは、Ｘが同年６月１日頃にＡパソコンを所有していたことは認めていますから、これにより、Ｘが同日頃

にAパソコンを所有していたことが確定し、その所有権は、請求原因段階では、現在まで存続していると扱われます。

ウ　Yの占有

占有は、事実であって、権利ではありませんから、過去に占有していたからといって、現在まで占有が継続していると扱われたりはしません。そのため、Xは、現在におけるYの占有を主張立証しなければなりません。

3　所有権喪失の抗弁

	抽象的要件	要件事実	
カ	前主との取引行為	乙・Y　R2.12.24 Aパソコン売買　代金5万円	△
キ	(カ) による占有の開始	乙→Y　R2.12.24 (カ) に基づくAパソコン引渡し	△

ア　概　要

Yは、XがかつてAパソコンを所有していたことを認めた上で、自己がそれを即時取得したことでXが所有権を喪失したと主張しているようです（所有権喪失の抗弁）。

Xが所有権を喪失していれば、訴訟物であるXの現在の所有権に基づく返還請求権も発生しませんから、本抗弁は発生障害の抗弁となります。

イ　要件事実

民法192条は、即時取得の要件を、「取引行為による占有の開始」、「平穏」、「公然」、「善意」、「無過失」としています。

これらのうち「平穏」、「公然」、「善意」は、民法186条1項により推定されます。

同項により推定される事実は、その存在を主張立証をする必要がありませんから、要件事実にはならず、その推定を争う相手方がその事実の不存在を主張立証しなければなりません。

そこで、例えば、Xが、Yの「善意」を争うのであれば、善意の不存在＝悪意の再抗弁を提出することになります。

➡もっとも、本問のXは、推定された事実について争っているものはないようです。

次に、「無過失」については、前主である乙が、Aパソコンを占有していることで、その処分権限を適法に有していると推定され（民188条）、Yは、それを信じたことに過失がないと推定されるため、Yにおいて「無過失」を立証する必要はないとされています（最一小判昭和41年6月9日民集20巻5号1011頁）から、「無過失」も要件事実にはならず、その不存在（＝過失）が再抗弁に回ります。

➡**なお、乙がAパソコンを占有していたことは、「取引行為による占有の開始」の要件の中で現れます。**

即時取得の法律要件（民192条）		本抗弁の抽象的要件
取引行為による占有開始		取引行為による占有開始
平　　穏	→民186条1項により推定→	（不存在が再抗弁）
公　　然	→民186条1項により推定→	（不存在が再抗弁）
善　　意	→民186条1項により推定→	（不存在が再抗弁）
無 過 失	→判例理論により推定→	（不存在が再抗弁）

ウ　要件事実

結局、本抗弁の抽象的要件は、「取引行為により占有を開始したこと」だけになりますが、その要件事実は、Yが、乙との取引行為（乙・Y間の売買契約の成立）によりAパソコンの占有を開始したこと（乙がその占有するAパソコンをYに引き渡したこと）となります。

エ　認　否

Xは、YがどのようにしてAパソコンを手に入れたかは知らないとしており、認否は不知のようです。

4　占有権原の抗弁

	抽象的要件	要件事実	
ク	賃貸借契約の成立	X・Y　R5.4.5 Aパソコン賃貸借 賃料　月額500円	×
ケ	賃借人による目的物の所持	Y　R5.4.5 Aパソコン所持	×
コ	占有権譲渡の合意	X・Y　R5.4.5 （ケ）の所持を（ク）に基づくものとする合意	×

ア　概　要

すでに説明したとおり、「被告の占有が不法であること」が請求原因になるのではなく、「被告の占有が権原に基づく適法なものであること」が抗弁になると考えられています。

Ｙは、Ｘから、対価（月額500円）を支払ってＡパソコンを使用することの許諾を受けたと主張しており、占有権原として賃借権の主張をしているものと考えられます。

イ　抽象的要件

占有権原（賃借権）の抗弁の抽象的要件は、次の２つになります。

①　賃貸借契約の成立

②　賃借人が、①に基づいて、賃貸人から目的物の引渡しを受けたこと

たとえ賃借人であっても、賃貸人から引き渡されてもいないのに自力で目的物の占有を始めたのであれば、それは適法な占有とはいえないことから、②も要件事実になると解されています。

本問では、賃貸借契約成立時に賃借人が目的物を所持していましたから、②が簡易の引渡し（民182条２項）となるところ、簡易の引渡しの抽象的要件は、次の２つです。

②－１　占有権の譲受人が当該物を所持

②－２　占有権譲渡の合意

ウ　要件事実

⑴　賃貸借契約の成立

賃貸借の冒頭規定である民法601条によると、賃貸借契約の成立要件は、「目的物を使用収益させる合意」、その対価として「賃料を支払う合意」及び「契約終了時の目的物の返還合意」ですから、「賃貸借契約の成立」の要件事実は、「Ｘ・Ｙ間で、ＸがＹにＡパソコンを賃料月額500円で使用収益させ、契約終了時にはそれを返還する合意をしたこと」となります。

⑵　簡易の引渡し

「簡易の引渡し」の要件事実は、「賃貸借契約の成立時にＹがＡパソコンを所持していたこと」と、「その所持を当該賃貸借に基づくものとするＸ・Ｙ間の合意」となります（Ｘは、Ｙに対し、賃料を支払うのであればＡパソコンを使い続けてもよいと言っています）。

エ　認　否

Ｘは、本抗弁の要件事実を全て否認しています。

5 再抗弁──過失（所有権喪失の抗弁に対し）

	抽象的要件	要証事実	被告の要証事実
さ	前主が所有者であると信ずるにつき過失	過失の評価根拠事実	過失の評価障害事実

(1) Xは、「Aパソコンの裏面を見れば、私の氏名とメールアドレスがわかったはずであるのに、Yは、私に何の連絡もしていません。」と主張しており、所有権喪失（即時取得）の抗弁に対し、過失（乙が所有者であるとYが信じたことについての過失）の再抗弁を提出しているものと思われます。

➡これが再抗弁となる理由は、上記3イのとおり、Yの無過失が推定され、その不存在＝過失が再抗弁に回るからです。

(2) 即時取得における過失は、規範的要件（第1章「8 主張ステージ―3（認否及び規範的要件）」2参照）に当たりますから、双方当事者が、過失の評価根拠事実と評価障害事実を主張立証し合い、裁判所は、それらを総合して、過失と評価されるか否かを判断することになります。

➡もっとも、本問では、Yは、過失の評価障害事実の主張をしてません。

(3) ところで、所有権の即時取得における無過失とは、前主が所有者であると信ずるにつき過失がなかったことをいいます（最一小判昭和41年6月9日民集20巻5号1011頁参照）。本問でいえば、Yが、乙からAパソコンの引渡しを受けた際に、乙がその所有者であると信じたことについての無過失です。

乙が所有者であることに疑念を抱かせる事由（不審事由）があれば、Yは、乙が真の所有者であるか調査すべきであり（調査確認義務の発生）、それにもかかわらず調査をしなかった場合（調査確認義務の懈怠）は、過失があると評価されても仕方がないでしょう。

このように、即時取得における過失の有無は、

① 前主が真の所有者であるか調査確認する義務の有無

② ①の義務があるとしたら、その懈怠の有無

の2点を中心に判断されますから、当事者双方は、それを意識して、評価根拠事実・評価障害事実を立証すべきです。

(4) なお、Yは、パソコンの裏面には自演乙などの記載があったと主張していますから、Xの主張（パソコンの裏面にXの氏名などの記載があったとの主張）を否認しているようです。

6　事実記載例

1　請求原因
(1)　原告は、令和２年６月１日当時、Ａパソコン（以下「本件パソコン」という。）を所有していた。
(2)　被告は、本件パソコンを占有している。
(3)　よって、原告は、被告に対し、所有権に基づき、本件パソコンの引渡しを求める。
2　請求原因に対する認否
請求原因の事実は全て認める。
3　抗　弁
(1)　所有権喪失
ア　被告は、令和２年12月24日、乙から本件パソコンを代金５万円で買った。
イ　被告は、令和２年12月24日、乙から、アに基づき、本件パソコンの引渡しを受けた。
(2)　占有権原
ア　原告は、被告に対し、令和５年４月５日、本件パソコンを賃料月額500円と定めて賃貸した。
イ　被告は、令和５年４月５日、本件パソコンを所持していた。
ウ　原告と被告は、イの所持をアに基づくものにするとの合意をした。
4　抗弁に対する認否
(1)　抗弁(1)の事実は全て不知。
(2)　抗弁(2)の事実は全て否認する。
5　再抗弁―過失（抗弁(1)に対し）
(1)　本件パソコンの裏面には、Ｘの氏名とメールアドレスが記載されていた。
(2)　Ｙは、上記メールアドレスによってＸと連絡がとれたにもかかわらず、本件パソコンが乙の所有であるか否かの確認するためにＸに連絡をとることをしなかった。
6　再抗弁に対する認否
再抗弁は否認する。

7　補足：代償請求

本件訴訟にＸが勝訴しても、その後、Ａパソコンの所在がわからなくなってしまったなどで、本件訴訟の勝訴判決に基づく強制執行ができないことがあります。

そこで、そういう場合に備えて、本件訴訟において、Ａパソコンの強制執行ができない場合の代償請求を併合提起しておくことが考えられます（民執31条２項参照）。

➡将来に執行が不能であった場合に請求権が発生するものですから、いわゆる将来請求（民訴135条）に当たります。

➡2つの請求の併合形態は単純併合と解されています（大判大正15年2月10日民集5巻128頁参照）。

主文・請求の趣旨

1　被告は、原告に対し、Aパソコンを引き渡せ。
2　前項の引渡しの執行が功を奏しないときは、被告は、原告に対し、○万円を支払え。

3 所有権に基づく土地明渡請求

Xの言い分

私は、令和4年4月5日、キリコのリトグラフを100万円で甲に売り、令和5年1月5日、その代金の支払に代えて、甲から、その所有するA土地を譲り受けました。ところが、YがA土地を駐車場として使用しています。

Yは、甲からA土地を譲り受けておらず、A土地の所有権移転登記も経由していません。

このような勝手なことをされては困りますので、Yに対し、A土地の明渡しを求めます。

なお、甲は、平成28年1月20日に、A土地を相続により取得し、それ以来、私にA土地を譲渡するまでの間、A土地の所有者であったものです。

Yの言い分

私は、令和3年12月4日、甲から、同人の所有する同人名義のA土地を贈与され、同月5日に引渡しを受けました。令和5年3月4日には、贈与を原因とする所有権移転登記も経由しましたから、私が、A土地の所有者です。

なお、Xが甲にリトグラフを売ったことは否認します。

1　訴訟物

訴訟物	所有権に基づく返還請求権としての土地明渡請求権
訴訟物の個数	1個

主文・請求の趣旨

被告は、原告に対し、A土地を明け渡せ。

(1)　Xは、YからA土地の占有を侵奪されてその所有権を侵害されていますから、所有権に基づく物権的請求権の3類型のうちの返還請求権が不断に発生しています。そこで、基準時である口頭弁論終結日にまさに発生した「所有権に基づく返還請求権としての土地明渡請求権」が訴訟物になります。

(2)　前問では動産の「引渡」請求でしたが、本問では土地の「明渡」請求になります。

「引渡し」とは、回復者に物の直接支配を移転することをいいます。他方、「明渡し」とは、引渡しの一種であり、不動産に居住し又は物を置いて占有している場合に、立ち退き又は引き払うことによって、回復者にその不動産の完全な直接支配を得させることをいいます。

所有権に基づく物権的請求権は、当該物に対する排他的支配の完全な回復を求めることができる権利であり、不動産の場合、立ち退きや物の引き払いまで求めることができますが、動産の場合、その上に居住したり物を置いたりする性質のものではないため、「引渡し」で足ります。

➡ちなみに、不動産売買において売主が負う義務は、目的不動産の「引渡し」義務です。売主は、特定物を現状のまま引き渡せば、その義務を履行したといえるからです（民483条）。

引渡し	物の直接支配を移転すること
明渡し （＝引渡しの一種）	立ち退き又は引き払うことによって、不動産の完全な直接支配を得させること

2 請求原因

	抽象的要件	要件事実	
あ	原告の前主の所有	甲 R3.12.4 当時 A土地所有	○
い	代物弁済の本来債務の発生原因 （売買契約の成立）	X・甲 R4.4.5 リトグラフ売買 代金100万円	×
う	前主と原告との代物弁済契約の成立	X・甲 R5.1.5 （い）の代金債務の支払に代えて A土地の所有権移転の合意	×
え	被告の占有	Y A土地占有	○

ア 概 要

自己の所有物の占有が他人に侵奪されたことで不断に発生している返還請求権のうち、まさに口頭弁論終結日（＝現在）に発生したものが訴訟物になりますから、その発生要件は、次の２つになります。

① 原告が、現在、当該物を所有していること

② 被告が、現在、当該物を占有していること

イ　Xの所有

(1)　Yは、Xの所有については現在過去を問わず認めていませんが、Xの前主である甲の所有は認めていますから、前問で説明した「所有権の権利自白の3類型」のうちの③に当たります。

すなわち、Xは、平成28年1月20日以降、甲がA土地を所有していたと主張していますが、これに対し、Yは、甲が令和3年12月4日にA土地を所有していたことは認めていますから、これにより、甲が同日にA土地を所有していたことが確定します。そこで、同日以降にA土地の所有権が甲からXへ移転したことが主張立証されれば、請求原因段階では、Xが現在までA土地を所有していると扱われます。

(2)　Xは、A土地の所有権が甲から自己へ移転した原因として、代物弁済契約の成立を主張しています。

代物弁済契約とは、本来の給付に代えて他の給付をすることにより債務を消滅させる旨の合意をすることであり、当該他の給付をしたときは、その給付は弁済と同一の効力を有するとされています（民482条）。

➡例えば、他の給付が不動産の給付であれば、債権者にその所有権移転登記がされて初めて弁済の効果が生じます（最一小判昭和39年11月26日民集18巻9号1984頁）。

もっとも、代物の所有権移転という法律効果は、代物弁済契約の成立さえあれば発生し、他の給付がされたことは発生要件でないとされています（最一小判昭和40年3月11日裁判集民78号259頁、最二小判昭和57年6月4日裁判集民136号39頁）。

Xは、A土地の所有権が甲から自己へ移転したことを主張したいだけであり、弁済の効力の発生まで主張したいわけではありませんから、他の給付がされたことの主張立証は不要であり、代物弁済契約の成立のほか、その前提として、本来債務の発生原因の主張立証をすれば足ります。

代物弁済契約の成立による代物の所有権移転の抽象的要件

本来債務の発生原因
代物弁済契約の成立

本問の本来債務である売買代金債務は、売買契約が成立すれば発生しますから、「本来債務の発生原因」の要件事実は、「X・甲間でリトグラフを100万円で売買する合意をしたこと」になります。

また、「代物弁済契約の成立」の要件事実は、「X・甲間でリトグラフの売買代金の支払に代えてＡ土地の所有権を移転する合意をしたこと」になります。

ウ　Ｙの占有

占有は、事実であって、権利ではありませんから、過去に占有していたからといって、現在まで占有が継続していると扱われたりはしません。そのため、現在におけるＹの占有を主張立証しなければなりません。

エ　認　否

Ｙは、本来債務の発生を否認しており、Ｘ・甲間の代物弁済契約の成立も否認しているものと思われます。ＹがＡ土地を占有していることは認めています。

３　対抗要件具備による所有権喪失の抗弁

	抽象的要件	要件事実	
カ	前主から被告への所有権移転原因（贈与契約の成立）	甲・Ｙ　R3.12.4 Ａ土地贈与	×
キ	被告による対抗要件の具備	Ｙ　R5.3.4 Ａ土地につき、（カ）に基づく所有権移転登記	×

ア　被告の２つの選択肢

Ｙは、自己も甲からＡ土地を譲り受けたと主張しています。つまり、Ｙは、Ａ土地が、甲からＸとＹに二重譲渡されたと主張しているのです。

このような場合、Ｙには２つの選択肢があります。１つは、自己が「第三者」（民177条）に当たると主張して甲からＸへの所有権移転を争うことです。もう１つは、甲から自己へ所有権が移転したことを「第三者」（民177条）であるＸに対し積極的に主張することです。Ｙは、このうちの後者を選択しているようです。

➡前者は、いわゆる対抗要件の抗弁と呼ばれるものであり、自己が第三者（民177条）に当たること（甲からＡ土地の贈与を受けたこと）を主張した上で、Ｘが対抗要件を具備するまではＸが所有者であるとは認めないとの意思の表明をするものです。

イ　本抗弁の概要

原告と被告が物の二重譲受人同士である場合、被告が対抗要件を具備すれば、原被告間では被告の優先が確定し、被告が当該物の所有権を取得する反面、原告は当該物の所有権を喪失する（又は取得しなかった）ことになります。訴訟物である原告の現在の所有権に基づく返還請求権も発生しませんから、本抗弁は発生障害の抗弁となります。

ウ　抽象的要件及び要件事実

本抗弁の抽象的要件は、①前主から被告への所有権移転原因と、②被告による対抗要件の具備になります。

(1)　前主から被告への所有権移転原因

Ｙは、甲からＡ土地を贈与されたと主張しています。

贈与の冒頭規定である民法549条によると、贈与契約の成立要件は、目的物を無償で与えることの合意ですから、要件事実は、「甲・Ｙ間で、甲がＹにＡ土地を無償で与える合意をしたこと」となります。

(2)　被告による対抗要件の具備

土地の所有権移転の対抗要件は所有権移転登記ですから、要件事実は、「Ｙが当該贈与に基づいてＡ土地の所有権移転登記をしたこと」となります。

エ　認　否

Ｘは、抗弁の要件事実を全て否認しています。

4　事実記載例

1　請求原因

(1)　甲は、令和３年12月４日当時、Ａ土地（以下「本件土地」という。）を所有していた。

(2)　原告は、甲に対し、令和４年４月５日、キリコのリトグラフを代金100万円で売った。

(3)　原告は、甲との間で、令和５年１月５日、上記売買代金債務の弁済に代えて、本件土地の所有権を移転するとの合意をした。

(4)　被告は、本件土地を占有している。

(5)　よって、原告は、被告に対し、所有権に基づき、本件土地の明渡しを求める。

2　請求原因に対する認否

請求原因(1)の事実は認め、(2)、(3)の事実は否認し、(4)の事実は認める。

3　抗弁—対抗要件具備による所有権喪失

(1)　甲は、被告に対し、令和３年12月４日、本件土地を贈与した。

(2)　被告は、令和５年３月４日、上記贈与契約に基づき、本件土地につき所有権移転登記をした。

4　抗弁に対する認否

抗弁の事実は全て否認する。

5　補足：建物収去土地明渡請求

(1)　Xが所有する甲土地上にYが勝手に建物を建築したような場合です。Yは、この建物を所有することで、甲土地の占有を侵奪していることになりますから、Xは、Yに対し、甲土地の所有権に基づいて、甲土地の返還請求をすることができます（訴訟物は、所有権に基づく返還請求権としての土地明渡請求権です）。

もっとも、「Yは、Xに対し、甲土地を明け渡せ。」との主文では、甲土地とは別個の不動産である建物についての強制執行ができません。かかる執行法上の制約があるのが、この訴訟類型のポイントです。そのため、主文・請求の趣旨は、建物についても強制執行ができるように、「Yは、Xに対し、乙建物を収去して甲土地を明け渡せ。」などとします。

主文・請求の趣旨

被告は、原告に対し、乙建物を収去して甲土地を明け渡せ。

(2)　請求原因の要件事実は、訴訟物が所有権に基づく土地明渡請求権ですから、①「原告が当該土地を現在所有していること」、②「被告が当該土地を現在占有していること」となるところですが、上記の主文を導くために、②は「被告が当該土地上に建物を現在所有していること」となります。被告が当該土地上にある建物を所有することによって当該土地を占有していることが、上記の主文を導くための要件事実になるものです。

第4章
登記請求

1 登記訴訟総論

1 不動産登記の仕組み

ア 甲区と乙区

不動産登記には、その不動産の所有者が誰であるかなどを明らかにする「甲区」と、それ以外の権利関係（例えば抵当権）を明らかにする「乙区」があります。

➡法務省のウェブサイトの「不動産登記の ABC」に不動産登記の見本があります。

イ 所有権移転登記

「甲区」には、所有権の移転を受けた歴代の所有者による「所有権移転登記」が古いものから順番に並んでおり、一番下に、現在の所有者の「所有権移転登記」があります。

例えば、Aが所有している土地の不動産登記の「甲区」欄の一番下には、Aの「所有権移転登記」があります。

➡このことを、「当該土地の所有名義がAである」とか「当該土地の登記名義人はAである」などといいます。

Bがこの土地をAから買い、所有権移転登記手続をすると、甲区のAの所有権移転登記の次に、Bの所有権移転登記が加わります。

ウ 登記原因

登記をするときはその原因（＝登記原因）の記載もされます。例えば、上記のBの所有権移転登記の登記原因は「令和○年○月○日売買」となります。

エ 抵当権設定登記

例えば、上記の土地に、Cのために抵当権が設定された場合、上記の土地の登記の「乙区」に、Cを抵当権者とする「抵当権設定登記」が加わります。

オ 登記の抹消

一度された登記を抹消することもできます。

例えば、A・B間の売買が、後に取り消された場合、Bの所有権移転登記を抹消することができます。

➡これにより、甲区欄の一番下はAの「所有権移転登記」になりますから、Aが当該土地の所有名義人に復活したことになります。

2 不動産登記の共同申請

(1) Bが、Aの土地を買って、当該土地の所有権移転登記をする（＝甲区の一番下にBの「所有権移転登記」を加える）場合、この登記手続は、売主Aと買主Bの共同申請によって行われます（不登60条）。

Aは、売主の義務として、B名義の所有権移転登記をするのに協力する義務を負います（民560条）。

⑵　登記を抹消する場合も同様です。A・B間の売買が、後に取り消された場合、Bの所有権移転登記を抹消する手続は、BとAが共同で行います。

3　登記請求の意義・種類

ア　債権的登記請求

上記の売買の例において、土地の買主であるBは、売主Aに対し、当該売買契約に基づいて、所有権移転登記請求（甲区の最後にBの所有権移転登記を加える登記手続を、Bと共同して行うことを、Aに対して求めるもの）をすることができます。

➡Bは、その勝訴確定判決を取得すれば、単独で、当該移転登記手続をすることができます。

この請求は、売買契約に基づくものですから、債権的な登記請求権です。

イ　物権的登記請求

Aの土地に、見覚えのないBの所有権移転登記がされていたとします。この登記により、Aは、当該土地の完全的支配を奪われているということができますから、所有権に基づいて、この登記の抹消を請求することができます。この抹消は、Bとの共同申請が必要ですから、Aは、Bに対し、当該所有権移転登記の抹消請求（甲区にあるBの「所有権移転登記」を抹消する登記手続を、Aと共同して行うことを、Bに対して求めるもの）をすることができます。

➡Aは、その勝訴確定判決を取得すれば、単独で、当該登記抹消手続をすることができます。

この請求は、所有権に基づくものですから、物権的な登記請求権です。

ウ　物権変動的登記請求

上記の売買の例において、土地の買主であるBは、売主Aに対し、当該土地の所有権がAからBに移転したという物権変動自体に基づいて、所有権移転登記請求（甲区の最後にBの「所有権移転登記」を加える登記手続を、Bと共同して行うことを、Aに対して求めるもの）をすることができます。

土地の登記は、国民全体のためのものであり（将来、いつ誰がその土地を取得するかわからない）、権利関係を正確なものにしておく必要があるので、当該物権変動に関与した者に、当該物権変動に合致した登記をするための請求権を付与したものです。

➡Bには、売買契約に基づく所有権移転登記請求権がありますが、これを消滅時効などで失うこともあります。そこで、A・B間の物権変動を正確に登記させるために、Bに物権変動的登記請求権を付与しておく必要があるのです。

2 登記抹消請求

Xの言い分

私は、平成29年頃、A建物を、その所有者である甲から買ったのですが、最近、その登記事項証明書を調べてみたところ、Yを抵当権者とする抵当権設定登記（津地方法務局令和6年7月2日受付第5号）がされていました。

私は、A建物にYの抵当権を設定した覚えはありませんから、Yに対し、この登記の抹消に協力するよう求めます。

Yの言い分

Xが平成29年頃にA建物を買ったことは認めます。

Xは、令和6年7月1日、私から500万円を借り受け、その担保のために、A建物に抵当権を設定しました。同月2日、同建物に私名義の抵当権設定登記がされました。

1　訴訟物

訴訟物	所有権に基づく妨害排除請求権としての抵当権設定登記抹消請求権
訴訟物の個数	1個

主文・請求の趣旨

被告は、A建物について、津地方法務局令和6年7月2日受付第5号抵当権設定登記の抹消手続をせよ。

➡ **「抹消手続をせよ」とは、登記の抹消の申請手続をせよという意味です。**

(1)　訴訟物が何であるか問題文に明示されていませんが、Xは、A建物の所有権に基づく物権的請求権を行使して、Yに対し、Y名義の抵当権設定登記の抹消手続をするよう請求しているものと思われます。

(2)　他人名義の登記の存在は、占有侵奪以外の方法による所有権の侵害と考えることができますから、Xは、所有権に基づく物権的請求権の3類型のうちの妨害排除請求権を行使していることになります。

所有権に基づく物権的請求権の３類型

返還請求権	占有侵奪された物の返還
妨害排除請求権	占有侵奪以外の方法による妨害の排除
妨害予防請求権	将来の妨害の予防

そこで、本問の訴訟物は、所有権に基づく妨害排除請求権としての抵当権設定登記抹消請求権となりますが、この請求権の具体的な内容は、Ｙに対して、Ｙ名義の抵当権設定登記の抹消手続をすることを求めるものです。

(3)　妨害排除請求権は、所有権侵害が継続する限り、不断に発生すると考えられています。そこで、基準時である口頭弁論終結日にまさに発生した妨害排除請求権が訴訟物になります。

2　請求原因

	抽象的要件	要件事実	
あ	原告の所有	Ｘ　Ａ建物所有	○
い	被告が占有以外の態様で所有権を侵害	Ａ建物にＹ名義の抵当権設定登記	○

ア　概　要

所有権が占有以外の態様で侵害されていることで不断に発生している妨害排除請求権のうち、まさに口頭弁論終結日（＝現在）に発生したものが訴訟物になりますから、その発生要件は、次の２つになります。

①　原告が、現在、当該物を所有していること

②　被告が、現在、占有以外の態様で当該物の所有権を侵害していること

イ　Ｘの所有

Ｙは、Ｘが平成29年頃にＡ建物を買ったことを認めており、Ｘがその後にその所有権を喪失したとの主張もしていませんから、全体としてみると、Ｙは、Ｘの現在におけるＡ建物の所有を認めているということができます。

➡このように、当事者の主張は、文言にとらわれず、主張の全体から、主張の意味を読み取る必要があります。

そこで、Ｘの現在におけるＡ建物の所有が、Ｙの権利自白により確定します。

➡第３章「2　所有権に基づく動産引渡請求」２イで説明した「所有権の権利自白の３類型」のうちの①に当たります。

ウ　Yによる所有権の侵害

⑴　Y名義の抵当権設定登記が「無効であること」が請求原因になるのではなく、「有効であること」が抗弁になると考えられます。

➡第3章「2　所有権に基づく動産引渡請求」において、「Yの占有が適法であること」が抗弁に回ったのと同じです。

そこで、「占有以外の態様での所有権の侵害」の要件事実は、「A建物にY名義の抵当権設定登記があること」で足り、そのほかに、その登記の無効原因を主張する必要はありません。

⑵　登記の存在は、事実であって、権利ではありませんから、過去に登記が存在していたからといって、現在まで登記が継続して存在していると扱われることはありません。そのため、現在におけるY名義の登記の存在を主張立証しなければなりません。

エ　認　否

Yは、請求原因の要件事実を全て認めています。

3　登記の有効性の抗弁

ア　概　要

すでに説明したとおり、「被告名義の登記が無効であること」が請求原因の要件事実になるのではなく、「被告名義の登記が有効であること」が抗弁になります。

➡なお、本抗弁は、従前は、占有権原の抗弁（第3章「2　所有権に基づく動産引渡請求」4参照）と限りなくパラレルに考えられていました。タイトルは「登記保持権原の抗弁」とされ、占有権原の抗弁の要件事実である「(賃貸借契約に）基づく引渡し」に対応するものとして「(抵当権設定契約に）基づく登記」が要件事実になるとされていました。しかしながら、占有が専ら私法上の権原により適法化されるのに対し、登記は、登記官が行う公法上のものであるため、両者を全く同じように考えることはできないことが認識されるようになり（例えば最二小判昭和41年11月18日民集20巻9号1827頁)、最近では、登記を保持する私法上の権原があるかというアプローチではなく、登記が有効であるかというアプローチがされるようになっています。司研・新問題研究114頁でも、本抗弁について、タイトルこそ従前のネーミングを承継しつつ、登記の有効性を要件事実にしています。

イ　登記の有効要件

登記の有効要件には、実体的有効要件と手続的有効要件があります。

実体的有効要件とは、当該登記の記載に符合した実体上の権利関係があることであり（幾代通・不動産登記法（第4版）477頁（1994年、有斐閣))、手続的有効要件とは、当該登記が手続的に適法にされたことです。

登記の有効要件

実体的有効要件	登記の記載に符合した実体上の権利関係
手続的有効要件	登記手続の適法性

ウ　実体的有効要件

(1)　まず、登記の実体的有効要件から見ていきましょう。

本問の登記は、A建物にYの抵当権を設定した旨の登記ですから、かかる抵当権があることが実体的有効要件となります。

抵当権の発生要件は、以下の３つになります。

①　抵当権設定契約の成立

②　被担保債権の発生原因

③　設定者に抵当権を設定する権限があること

(2)　抵当権設定契約の成立について

Yは、あたかもXが単独行為としてA建物に抵当権を設定したかのように述べていますが、もちろんながら、これは、X・Y間で抵当権設定契約が成立したという意味で述べているものです。

(3)　被担保債権の発生原因について

抵当権は被担保債権が存在しないと成立しません（成立における附従性）。

本問の被担保債権は貸金返還請求権ですが、判例・通説によると、同請求権は消費貸借契約の成立により発生します（第２章「1　契約に基づく請求（総論）」２ウ(2)参照）。

➡そして、司法研修所も、被担保債権になる場面では、貸金返還請求権の発生時期について判例通説に従っており（司研・新問研 119 頁）、見解の矛盾が見られます。

消費貸借の冒頭規定である民法 587 条によると、消費貸借契約の成立要件は、「貸主が借主に金員を交付したこと」と「借主が当該金員の返還を約束したこと」ですから、これに該当する要件事実は、「YがXに 500 万円を交付したこと」と「X・Y間で、これをXが返還するとの合意がされたこと」になります。

(4)　抵当権の設定権限について

抵当権は物権ですから、目的物に抵当権を設定する権限がある者（通常は目的物の所有者）によって設定されなければなりません（古積健三郎・新注釈民法５巻 662 頁（2020 年、有斐閣））。

Xは、A建物の所有者ですから、A建物に抵当権を設定する権限があります。

そこで、Xが当該抵当権設定契約の締結時にA建物を所有していたことが要件事実となります。

エ　手続的有効要件

次に、登記の手続的有効要件（登記が手続的に適法にされたこと）を見てみましょう。

登記手続に本質的な瑕疵があると、その登記が無効になります（山野目章夫・増補不動産登記法554頁（2014年、商事法務））。

➡例えば、管轄権のない登記所でされた登記（幾代・不動産登記法493頁）や、登記義務者の意思に基づかない申請による登記（最二小判昭和41年11月18日民集20巻9号1827頁）は無効です。

もっとも、手続的有効要件については、相手方から、具体的に、有効性に疑義を抱かせる事由の主張がされた場合に、その事由に関し、有効性を根拠付ける主張立証をすれば足ります。本問では、原告から、手続に関する主張はされていませんから、特に、手続的有効要件について主張立証する必要はありません。

➡司法研修所も、手続的に有効であることに争いがなければ、抽象的に、「当該登記は当該抵当権設定契約に基づく。」などと主張しておけば足りるとしています（司研・新問研116頁）。

オ　認　否

Xは、本抗弁の要件事実のうち、X自身のA建物所有は認めていますが、それ以外の事実は全て否認しています。

	抽象的要件	要件事実	
あ	金員の返還約束	Y・X　R6.7.1 500万円の返還合意	×
い	金員の交付	Y→X　R6.7.1 500万円交付	×
う	抵当権設定契約	Y・X　R6.7.1 （あ）（い）を被担保債権としA建物を目的とする抵当権設定合意	×
え	抵当権設定権限	X　R6.7.1 A建物所有	○
お	登記の手続的適法性	（本問では主張不要）	

4 事実記載例

1 請求原因
(1) 原告は、A建物（以下「本件建物」という。）を所有している。
(2) 本件建物について、被告を抵当権者とする津地方法務局令和6年7月2日受付第5号抵当権設定登記（以下「本件登記」という。）がある。
(3) よって、原告は、被告に対し、所有権に基づき、本件登記の抹消手続をすることを求める。
2 請求原因に対する認否
請求原因事実は全て認める。
3 抗弁―登記の有効性
(1) 被告は、原告に対し、令和6年7月1日、500万円を貸し付けた。
(2) 被告と原告は、令和6年7月1日、原告の(1)の債務を担保するため、本件建物に抵当権を設定するとの合意をした。
(3) 原告は、令和6年7月1日、本件建物を所有していた。
4 抗弁に対する認否
抗弁(1)、(2)は否認し、(3)は認める。

➡抗弁の(1)の「貸し付けた」とは、「金員の返還約束をしたこと」と「金員を交付したこと」の両方を含む表現です。

3 所有権移転登記請求

Xの言い分

私は、平成13年6月1日、Yの代理人である甲から、A土地を代金1000万円で買い、その日のうちに引渡しを受けましたが、事情があって所有権移転登記を経由しないまま20年が経過しました。

ところが、Yは、売買契約書及び関係書類が震災で焼失したことを奇貨として、売買はなかったなどと言い始め、私名義の所有権移転登記をすることに協力してくれません。私は、令和6年2月3日、念のため、取得時効の援用もしました。

そこで、私は、Yに対し、A土地に私名義の所有権移転登記をすることへの協力を求めます。

Yの言い分

私は、甲とは面識がなく、A土地を売る代理権を授与したこともありません。A土地は私の自宅から遠く離れた山林であるため、XがA土地を占有していたことも知りませんでした。現在、A土地は私名義になっていますが、これをX名義とするための登記手続には協力できません。

1　訴訟物

訴訟物	売買契約に基づく所有権移転登記請求権 所有権に基づく妨害排除請求権としての所有権移転登記請求権
訴訟物の個数	2個
併合形態	選択的併合

主文・請求の趣旨

被告は、原告に対し、A土地について、平成13年6月1日売買又は同日時効取得を原因とする所有権移転登記手続をせよ。

➡時効取得の場合の登記原因の日付は、時効完成の日ではなく、時効の効果が遡る起算日（民144条）とされています。

ア　概　要

Xは、Yに対し、A土地にXの所有権移転登記をすることへの協力を求めています。

Ｘは、売買契約に基づく所有権移転登記請求をすることができますが、売買契約書等の焼失により、これが認められない可能性もあるため、時効取得を原因とする所有権移転登記請求もしておく必要があるようです。

そこで、Ｘは、これら２つを選択的に請求しているものとして、説明をします。

➡選択的併合とは、複数の請求のうち、いずれか１つが認容されることを求めるものです。

イ　売買を原因とする所有権移転登記請求

不動産の買主が、当該不動産の登記の甲区欄に、自己名義の所有権移転登記をするには、売主の協力が必要です。そこで、売買契約が成立すると、買主の売主に対する所有権移転登記請求権（＝買主の所有権移転登記をすることへの協力を求める権利）が、発生します（民560条）。

これは、いわゆる債権的登記請求権の１つであり、Ｘは、Ｙに対し、Ａ土地の登記の甲区欄に、平成13年6月1日売買を原因とするＸ名義の所有権移転登記をすることへの協力を求めることができます。

ウ　時効取得を原因とする所有権移転登記請求

⑴　時効取得により、前所有者から時効取得者へ、所有権の「伝来取得」があったものとして、所有権移転登記をすべきであるとするのが判例（大判昭和2年10月10日民集6巻558頁）であり、登記実務（明治44年6月22日民事第414号民事局長回答）も同じです。

⑵　この場合の所有権の取得原因は債権的なものではないため、債権的登記請求権は発生しません。他方、前所有者から時効取得者へと物権変動があったことから、物権変動的登記請求権は発生します。

そこで、時効取得者であるＸは、物権変動的登記請求権に基づいて、Ｙに対し、所有権移転登記請求をすることができることになります。

もっとも、司法研修所は、そうではなく、この場合の移転登記請求は、所有権に基づく妨害排除請求権であると説明しています。Ａ土地の所有権を時効取得したＸは、同土地を完全支配するために、所有権に基づいて、自己に所有権移転登記をするよう、Ｙに対し、請求できると考えるのです（Ｙが登記名義人であることで、ＹがＸの完全支配を妨害していると考えます）。

➡この司法研修所の見解は、学説実務の支持を得ておらず、独自の見解ともいうべきものです。

そこで、以下は、この司法研修所の見解に従うことにします。

⑶　妨害排除請求権は、所有権侵害が継続する限り、不断に発生すると考えられています。そこで、基準時である口頭弁論終結日にまさに発生した妨害排除請求権が訴訟物になります。

2　売買契約に基づく所有権移転登記請求の請求原因

	抽象的要件	要件事実	
あ	代理人による売買契約の成立	X・甲　H13.6.1 A土地売買 代金　1000万円	△
い	顕名	甲　(あ)の際、Yのためにすることを示す	△
う	代理権の授与	Y→甲　(あ)に先立ち、(あ)の代理権授与	×

ア　抽象的要件

不動産の売買契約に基づく所有権移転登記請求権は、売買契約が成立すれば直ちに発生すると考えられていますから、請求原因の抽象的要件は「売買契約の成立」となります。

ただし、本問では、代理人が意思表示をしていますから、その効果が本人に帰属するための要件として「顕名（本人のためにするとの意思表示）」及び「代理権の授与（又は事後的追認）」が必要になります（民99条1項・116条）。

代理人による意思表示の効果が本人に帰属するための要件

代理人による意思表示
顕名（本人のためにするとの意思表示）
代理権の授与（又は事後的追認）

イ　要件事実

売買の冒頭規定である民法555条によると、売買契約の成立要件は、「目的財産権の移転の合意」及びその対価である「代金支払の合意」ですから、「売買契約の成立」の要件事実は、「X・甲間で、A土地を代金1000万円でYがXに売るとの合意をしたこと」になります。

「顕名」の要件事実は、「甲が、当該売買の合意の際に、Yのためにすることを表示したこと」となり、「代理権授与」の要件事実は、「当該合意に先立ち、Yが甲に対し、当該合意をすることの代理権を授与したこと」となります。問題文にこれらの事実の記載はありませんが、Xは、甲がYの代理人であると主張していますから、これらの事実も主張しているものと解されます。

ウ　認　否

Yは、甲に代理権を授与したことを否認しています。その余の要件事実については、明確に認否していませんが、認めているとは考えられませんから、せいぜい、不知と思われます。

3　時効取得を原因とする所有権移転登記請求の請求原因

	抽象的要件	要件事実	
か	20年間の始期における占有	X　H13.6.1 A土地占有	△
き	20年間の終期における占有	X　R3.6.1経過時 A土地占有	△
く	時効の援用	X→Y　R6.2.3 時効の援用	顕
け	被告が占有以外の態様で原告の所有権を侵害	A土地にY名義の所有権移転登記	○

ア　概　要

所有権が占有以外の態様で侵害されていることで不断に発生している妨害排除請求権のうち、まさに口頭弁論終結時（＝現在）に発生したものが訴訟物になりますから、その発生要件は次の２つになります。

①　原告が、現在、当該物を所有していること

②　被告が、現在、占有以外の態様で当該物の所有権を侵害していること

①は、被告の権利自白の態様によって主張内容が異なりますが、本問では、Yがおよそ誰の所有も認めていないため、Xは、所有権の取得原因として時効取得を主張する必要があります。

イ　時効の完成

民法162条1項は、長期取得時効の完成の要件を、「他人の物の20年間の占有」、「所有の意思」、「平穏」及び「公然」としています。

これらのうち「所有の意思」、「平穏」、「公然」は、民法186条1項により推定されます。同項により推定される事実は、その存在を主張立証する必要がありませんから、要件事実にはならず、その推定を争う相手方がその事実

の不存在を主張立証しなければなりません。

また、「他人の物」については、司法研修所（司研・新問題研究101頁）が、判例（最二小判昭和42年7月21日民集21巻6号1643頁、最一小判昭和44年12月18日民集23巻12号2467頁）を根拠に、これが時効取得の実体要件にならないと解しているため、要件事実にもなりません。

残った要件は、「物の20年間の占有」になりますが、その両端の占有を立証すれば、その間の占有が法律上推定されます（民186条2項）から、両端の占有のみを要件事実とすることもできます。

➡もちろん、推定規定（民186条2項）を用いずに、20年間の占有を要件事実とすることもできます。そして、実務では、その方が普通です。

長期取得時効の実体要件		長期取得時効の要件事実
20年間の占有	→ 民186条2項で占有継続推定 →	20年の両端の占有
所有の意思	→ 民186条1項により推定 →	(不存在が再抗弁)
平　穏	→ 民186条1項により推定 →	(不存在が再抗弁)
公　然	→ 民186条1項により推定 →	(不存在が再抗弁)
時効の援用		時効の援用

ウ　時効の援用

時効は、当事者が援用しなければ、裁判所がこれによって裁判をすることができません（民145条）。

時効学説のうちの不確定効果説・停止条件説によると、時効の援用は、時効により不利益を受ける者に対する実体上の意思表示となります（詳細は第2章「2　売買代金支払請求」3アbを参照してください）。

エ　Yによる所有権の侵害

(1)　Xが時効取得したA土地にY名義の所有権移転登記があることが、占有侵奪以外の態様での所有権の侵害に当たるというのが司法研修所の（独自の）見解です。

(2)　登記の存在は、事実であって、権利ではありませんから、過去に登記が存在していたからといって、現在まで登記が継続して存在していると扱われることはありません。そのため、現在におけるY名義の登記の存在を主張立証しなければなりません。

オ 認否

Yは、XがA土地を占有していたことは不知としていますが、A土地にYの所有権移転登記があることは認めています。

時効の援用は、口頭弁論期日（又は弁論準備手続期日）でされたのであれば、当裁判所の職務上顕著な事実（民訴179条）ですから、認否が不要です。

4 事実記載例

1 請求原因

(1) 売買

ア 甲は、原告に対し、平成13年6月1日、A土地（以下「本件土地」という。）を代金1000万円で売った。

イ 甲は、アの際、被告のためにすることを示した。

ウ 被告は、甲に対し、アに先立ち、アの代理権を授与した。

(2) 取得時効

ア 原告は、平成13年6月1日、本件土地を占有していた。

イ 原告は、令和3年6月1日経過時、本件土地を占有していた。

ウ 原告は、被告に対し、令和6年2月3日、上記時効を援用した。

エ 本件土地について、被告名義の所有権移転登記がある。

(3) よって、原告は、被告に対し、本件土地について、平成13年6月1日売買又は同日時効取得を原因とする所有権移転登記手続をすることを求める。

2 請求原因に対する認否

(1) 請求原因(1)ア、イの事実は不知、ウの事実は否認する。

(2) 請求原因(2)ア、イの事実は不知、エの事実は認める。

第5章

民事保全・民事執行・書証の成立

1 民事保全

1 占有移転禁止の仮処分

(1) 所有権に基づく物の明渡(又は引渡)請求訴訟では、被告が当該物を占有していることが請求原因の要件事実になります。

この訴訟の係属中に、被告が当該物の占有を第三者に移転してしまえば、それまでの原告の努力は全部無駄になってしまいます。その訴えを取り下げて、新たに、当該第三者を被告とした訴えを提起しなければならないからです。

そこで、訴え提起に先立ち、当該物の占有を被告から第三者に移転させないようにしておく必要があります。

このような目的で申し立てられるのが、占有移転禁止の仮処分の申立てです。

(2) 申立てを受けて、裁判所が、占有移転禁止の仮処分命令をすると、被告は、当該物の占有を第三者に移転することができなくなります。

➡万が一、被告が、この命令に違反して、当該物の占有を第三者に移転してしまった場合でも、訴訟上は、被告が占有しているものと扱われ、請求認容判決がされます。そして、この確定勝訴判決を用いて、当該物の明渡し(又は引渡し)の強制執行ができるのが原則です(民保62条)。

2 民事保全

このように、訴訟を提起する前に、訴訟物である請求権を保全するためになされる手続を民事保全といいます。また、保全される権利のことを被保全権利といいます。

上記の占有移転禁止の仮処分の場合、被保全権利は、所有権に基づく返還請求権としての物の明渡(又は引渡)請求権ということになります。

3 処分禁止の仮処分

(1) Xの不動産に、Yが不実の(=実体上の理由のない)所有権移転登記を経由しているので、Xは、Yを被告として、当該登記の抹消請求訴訟を提起しようと考えています。

ところが、この訴訟の係属中に、Yが第三者に所有権移転登記をしてしまえば、Xは、Yの登記を抹消するのみならず、当該第三者の登記も抹消しなければならなくなります。

そこで、訴え提起に先立ち、Yに当該不動産の登記を第三者に移転させないようにしておく必要があります。

このような目的で申し立てられるのが、処分禁止の仮処分です。

⑵　申立てを受けて、裁判所が、処分禁止の仮処分命令をすると、当該不動産の登記の甲区にその旨の登記がされます。その後、当該不動産に第三者の所有権移転登記がされても、それはXには対抗できません（したがって、Xはその登記を抹消する必要がありません）。

⑶　この仮処分の被保全権利は、所有権に基づく妨害排除請求権としての所有権移転登記抹消請求権ということになります。

4　処分禁止の仮処分その2

⑴　Xは、Yから不動産を買いましたが、Yが所有権移転登記手続に協力してくれないので、Yを被告として、当該不動産の所有権移転登記請求訴訟を提起しようと考えています。

ところが、この訴訟の係属中に、Yが第三者に所有権移転登記をしてしまえば、Xは、まず、その第三者の登記を抹消しなければならなくなります。

そこで、訴え提起に先立ち、Yが当該不動産の登記を第三者に移転しないようにしておく必要があります。

このような目的で申し立てられるのが、処分禁止の仮処分です。

⑵　申立てを受けて、裁判所が、処分禁止の仮処分命令をすると、当該不動産の登記の甲区にその旨の登記がされます。その後、当該不動産に第三者の所有権移転登記がされても、それはXには対抗できません（したがって、Xはその登記を抹消する必要がありません）。

⑶　この仮処分の被保全権利は、売買契約に基づく所有権移転登記請求権ということになります。

5　仮差押え

⑴　これまでの仮処分とは少し毛色が違い、金銭債権一般を保全する手続として、仮差押えがあります。

Xは、Yを被告として、金銭請求訴訟（例えば売買代金支払請求訴訟）をしようと思っています。Yは唯一の財産として不動産を所有しているため、Xは、確定勝訴判決を得た後は、この不動産を強制競売にかけることで、金銭の回収ができそうです。

ところが、訴訟の係属中に、Yがこの不動産を第三者に贈与してしまえば、せっかく確定勝訴判決を得ても、Yには、他に財産がないため、強制執行ができません。Ｙが敗訴判決に従って任意に金員を支払ってくれればいいのですが、通常はそういうことは期待し難いため、判決書はただの紙切れになってしまいます。

そこで、Ｙに訴訟を提起する前に、上記不動産を仮に差し押えておく必要があります。

このような目的で申し立てられるのが、不動産仮差押えです。

⑵ 申立てを受けて、裁判所が仮差押命令をすると、上記不動産の登記の甲区にその旨の登記がされます。

Ｘは、Ｙに対する確定勝訴判決を得た後は、仮差押を強制執行に移行させて、そのまま当該不動産の強制競売をすることもできます。その際、仮差押登記により後にある第三者の登記は無視されます。

⑶ この仮差押えの被保全権利は、売買契約に基づく代金支払請求権ということになります。

⑷ 不動産以外に、動産や債権を仮差押えの対象とすることもできます（動産仮差押え、債権仮差押え）。債権の場合、よく見られるのは、預金債権の仮差押えや給与債権の仮差押えです。

2　民事執行

1　概　要

⑴　給付訴訟において原告の勝訴判決が確定しても、被告が、主文のとおりの給付をしてくれるとは限りません。任意の給付がされない場合は、被告の財産に対し強制執行をかけることで、原告は自らの権利を実現するしかありません。これを民事執行といいます。

➡もっとも、不動産登記手続をすることを命ずる判決は、その判決が確定すれば、当該登記手続をするとの意思表示をしたものと擬制されます（民執 177 条）から、強制執行をする必要がありません。

⑵　民事執行は、対象とする財産の種類によって、不動産執行、動産執行、船舶執行、債権執行などに分類されます。

⑶　民事執行の手続を行う裁判所（＝執行裁判所）は、当該判決をした裁判所とは異なる裁判所です（民執３条）。

2　強制執行手続

ア　強制執行の実施

強制執行は、執行文の付された債務名義の正本に基づいて実施するのが原則です（民執 25 条）。

給付訴訟の確定した勝訴判決は、ここでいう「債務名義」に当たります（民執 22 条１号）から、その判決の正本に執行文が付されれば、強制執行ができることになります。

イ　執行文の付与

そこで、まず、上記判決に執行文を付与してもらう必要があります。執行文を付与するのは、当該判決をした裁判所の裁判所書記官です（民執 27 条１項）から、原告は、その裁判所書記官に対し執行文付与の申立てをして執行文の付与を受けます。

ウ　強制執行の開始

次に、原告は、執行裁判所に対し、強制執行の申立てをします。

被告が所有する不動産を対象とする場合、執行裁判所は、競売開始決定をして当該不動産を差し押えます（民執 45 条）。

他方、被告が所有する債権を対象とする場合、執行裁判所は、当該債権につき、差押命令をします（民執 143 条）。

エ 目的物の換価・取立て

不動産執行の場合、その不動産を執行裁判所が売却し、その売却代金（の一部）を原告に交付します。これにより原告はその権利を実現したことになります。

他方、債権執行の場合、原告が自らその債権を取り立てるのが原則です（民執155条1項）。

3　書証の成立

1　概　要

例えば、Yが、民事裁判において、Xの作成した領収証を、書証として証拠提出したところ、Xが、これは自分が作成したものではない、偽造されたものだと主張することがあります。そういう場合、Yは、当該領収証がXの作成であることを立証しなければなりません。

2　形式的証拠力

上記領収証がXの作成であることの立証ができなかったとします。その場合、上記領収証は、「XがYから当該金員の支払を受けた」という事実認定に用いることはできません。このことを、上記領収証には「形式的証拠力がない」といいます。

➡他方、形式的証拠力が認められた文書について、それがどの程度事実認定に役に立つ証拠であるかという証拠の重要性のことを「実質的証拠力」といいます。

3　成立の真正

上記領収証がXの作成であることの立証ができたとします。Yは、Xを作成名義人として、上記領収証を証拠提出したものですが、実際にそれがXの作成であると認められることを、上記領収証の「成立の真正」が認められるといいます。

4　成立の真正に争いがない場合

Xが、当該領収証について、自ら作成したと認めるのであれば、上記領収証は、真正に成立した（＝作成名義人とされた者が作成した）ものと認められます。

➡実際の事件では、ほとんどの書証は、成立の真正に争いがありません。

5　成立の真正の推定

(1)　Xが、当該領収証の成立の真正を争う場合、Yは、それを立証しなければなりませんが、推定規定を用いた簡単な立証方法があります。

当該領収証に、Xの意思に基づいてされた署名又は印影があれば、成立の真正が推定されるとの規定（民訴228条4項）を利用するのです。

しかも、その印影が、Xの印鑑によるものであることが明らかになれば、その印影は、Xの意思に基づいてされたものと事実上推定されます（最三小判昭和39年5月12日民集18巻4号597頁）。

つまり、当該領収証にXの印鑑による印影があれば、それはXの意思に基づいてされた印影であると事実上推定され（一段目の推定）、その印影（＝Xの意思に基づく印影）により、当該領収証はXが作成したものと推定される（二段目の推定）のです。

(2)　この2つの推定（これらを併せて「二段の推定」といいます）を利用すると、Yは、次のいずれかを立証すれば足りることになります。

①　当該領収証にあるXの印影は、Xの印鑑を押捺したものである。

又は

②　当該領収証にあるXの署名は、Xの自筆である。

➡自筆の署名であれば、自らの意思に基づいてされたものと認められます。その立証方法としては、他の文書におけるXの筆跡との対照や、筆跡鑑定があります。

もっとも、領収証などに「署名（＝手書き）」をする例は少なく、通常は「記名（＝印字してあるもの）」ですから、②ではなく、①を立証する場合がほとんどです。

そして、①は、例えば、Xの印鑑登録証明を取り寄せ、それが当該領収証の印影と同じであれば、その立証がされたことになります。

6　推定の覆滅

(1)　上記の二段の推定を用いた立証に対し、Xは、その推定を覆滅させることができます。

(2)　当該印影が、Xの印鑑を押捺したものであることが明らかになれば、その印影は、Xの意思に基づいてされたものと事実上推定されます（一段目の推定）。

しかしながら、当該領収証が作成された頃、その印鑑は盗難に遭っており、Xの手元にはなかったとすると、当該印影は、Xの意思に基づいて押捺されたものとはいえません。そこで、当時、印鑑が盗難に遭っていたことは、上記推定を覆す事実となり得ます。

(3)　当該印影が、Xの意思に基づいてされたものであれば、領収証の成立の真正が推定されます（二段目の推定）。

しかしながら、例えば、Xが、白紙に記名押印をしただけのものを、Yに渡したところ、Yが、Xに無断で、白紙部分に「領収証　私はYから100万円を受け取りました。」などと記載したのであれば、この領収証はXの意思に基づいて作成されたものとはいえません。そこで、このような事実が上記推定を覆す事実となり得ます。

7　作成名義人が複数である文書

例えば、契約書は、二人で作成しますから、作成名義人が二人いることになります。そのうちの一人について、記名押印が偽造であるとして、成立の真正が争われることもあります。

この場合は、その一人についてのみ、二段の推定などにより成立の真正を立証すれば足ります。

第６章
司法試験予備試験の論文問題の分析

1　平成23年司法試験予備試験論文式試験

[法律実務基礎科目(民事)]

第1　事案の概要

Xの言い分

　Aは、乙商店街で布団店を営んでいるものですが、平成16年10月1日、同じ商店街で文房具店を営んでいるYに対し、返還時期を平成17年9月30日と定めて、100万円を貸し付けました。

　私は、平成22年4月1日、Aから、上記債権を80万円で買いました。Aは、Yに対し、電話でその旨の通知をしています。

　私は、平成22年5月14日、Yに対し、上記貸金の返還を求めましたが、支払がなかったため、同年12月15日にYの店に行ったところ、Yから「返済を半年間待ってほしい。」と懇願されました。

　このような経過を経て、私は、平成23年2月15日、Yを被告として、上記貸金の返還請求に係る訴訟を提起しました。

Yの言い分

　Xが主張している貸金ですが、私がAから借りた時から既に6年以上が経過しており、また、返還時期から起算しても5年以上が経過していますから、時効消滅しており、私がXに100万円を支払う義務はないと思います。

　そこで、私は、平成23年2月21日、Xに対し、時効消滅した貸金の返還をするつもりはないことを電話で伝えました。

第2　訴訟物

訴訟物	A・Y間の消費貸借契約に基づく貸金返還請求権
訴訟物の個数	1個

主文・請求の趣旨

被告は、原告に対し、100万円を支払え。

　訴訟物は、本試験の設問において、消費貸借契約に基づく貸金返還請求権と指定されています。

➡訴訟物を表記する際、契約主体が原被告以外の者である場合は、契約主体が誰であるかを明らかにします（第2章「2　売買代金支払請求」1参照）。本問の消費貸借契約の主体はAとYですから、その旨を明らかにする必要があります。

第3　当事者の主張

◇1　請求原因

	抽象的要件	要件事実
あ	金員の返還約束	A・Y　H16.10.1 100 万円返還合意
い	金員の交付	A→Y　H16.10.1 100 万円交付
う	返還時期の合意	A・Y　H16.10.1 （あ）の際、返還時期を H17.9.30 とする合意
え	返還時期の到来	H17.9.30 到来
お	債権の譲渡原因（売買）	A・X　H22.4.1 （あ）（い）の貸金債権売買 代金　80 万円

ア　概要（本試験の設問１の解答）

a　請求権の発生要件等

貸金返還請求の請求原因の抽象的要件は、司法研修所説に従うと、①消費貸借契約の成立、②当該消費貸借契約において返還時期の合意がされたこと、③当該返還時期が到来したこととなります。

①は、消費貸借の冒頭規定である民法 587 条によると、「金員の返還約束」及び「金員の交付」が契約の成立要件になります。

b　債権譲渡による請求権の移転

債権の譲渡は、その原因行為が要件事実になると解されています。A・X間の債権譲渡の原因行為は債権の売買ですから、債権の売買契約の成立が要件事実になります。

➡なお、いわゆる債務者対抗要件（民 467 条１項）を具備したこと（AがYに電話で債権譲渡の通知をしたこと）は請求原因の要件事実になりません。債務者対抗要件は、債務者が、その具備不具備を問題にした場合に初めて、債権者が、その具備を主張立証すれば足りる（最三小判昭和 56 年 10 月 13 日裁判集民 134 号 97 頁）ところ、本問の債務者Yは、これを問題にしていないからです。

イ　要件事実

上記抽象的要件に該当する要件事実は、次のようになります。

①　A・Y間で 100 万円の返還合意がされ、AがYに 100 万円を交付したこと

②　①において返還時期を平成17年9月30日と合意したこと

③　②の返還時期である平成17年9月30日が到来したこと

④　AがXに上記貸金返還請求権を80万円で売ったこと

➡なお、本試験の設問では、④を立証する証拠として、売買代金の支払に係る領収証が提出されており、それにはA名義の署名押印がされています。このA名義の印影がAの印章によって顕出されたものであるときは、反証のない限り、その印影はAの意思に基づいて顕出されたものと事実上推定され（一段目の推定）、その結果、この領収証は、真正に成立したものと推定されます（民訴228条4項。二段目の推定）。そこで、「A名義の印影がAの印章によって顕出されたこと」をYが認めれば、この二段の推定により、この領収証は真正に成立したものと推定されます。他方、Yが、これを認めないのであれば、Xは、当該印影がAの印章によることを立証するために、Aの印鑑登録証明等を証拠提出する必要があります。

◘2　抗弁――消滅時効

	抽象的要件	要件事実
カ	消滅時効期間の経過	H22.9.30 経過
キ	時効によって不利益を受ける者に対する時効の援用の意思表示	Y→X　H23.2.21 時効援用の意思表示

ア　概　要

本問の抗弁は、「消滅時効の抗弁」であると本試験の設問で指定されています。

➡この抗弁は、いったん発生した請求権を消滅させるものであり、消滅の抗弁となります。

イ　抽象的要件

本抗弁の抽象的要件は、次のとおりになります。

①　権利を行使することをできることを知った時（本問では返還時期の到来時）から5年が経過したこと

②　時効によって不利益を受ける者に対し時効を援用したこと

ウ　要件事実

(1)　上記抽象的要件に該当する要件事実は、次のとおりになります。

①　当該貸金返還債務の返還時期の5年後である平成22年9月30日が経過したこと

②　Yが、Xに対し、上記時効を援用するとの意思表示をしたこと

(2)　②は、いわゆる不確定効果説・停止条件説（本試験の設問の「甲説」）

に立つと、時効の援用とは、時効により不利益を受ける者に対する実体上の意思表示になります（本試験の設問２の解答）。

➡他方、いわゆる確定効果説（本試験の設問の「乙説」）に立つと、時効の援用は、裁判所に対する意思の表明にすぎず、実体上の意思表示の主張ではないことになります。

◘3　再抗弁――時効援用権の喪失

ア　概　要

債務者が時効完成後に債務を承認すれば、時効完成の事実を知らなかったときでも、爾後（＝以後）その債務についてその完成した消滅時効を援用することは許されないという判例（最大判昭和41年4月20日民集20巻4号702頁）に基づく再抗弁です。

➡時効の援用が無効となることで、抗弁による法律効果（請求権の消滅）の発生が障害されますから、障害の再抗弁となります。

イ　要件事実

要件事実は、「Yが、平成22年12月15日に、Xに対し、当該貸金の返還の猶予を懇願したこと」となります。債務の履行の猶予を懇願するということは、その債務の存在を認めていることにほかなりませんから、この事実は「債務の承認」に当たります。

➡そこで、請求原因・抗弁の要件事実が認められたのであれば、この再抗弁の要件事実の存否を認定するために証拠調べをする必要があります（本試験の設問３の解答）。

ウ　補足：時効の完成猶予の再抗弁の成否

Xは、Yに対し、平成22年5月14日に、貸金の返還の催告をしていますが、それから6か月が経過しましたから、もはや時効の完成は猶予されません（民150条1項）。なお、Xが本訴訟を提起したのは、上記催告から6か月が経過した後である平成23年2月15日です（第2章「2　売買代金支払請求」3エ参照）。したがって、Xは、時効完成猶予の再抗弁を提出することができません。

➡したがって、時効の完成猶予の再抗弁が提出されても、それは、主張自体失当ですから、この再抗弁の要件事実の存否を認定するために証拠調べをする必要はありません（本試験の設問３の解答）。

2 平成24年司法試験予備試験論文式試験

[法律実務基礎科目(民事)]

第1 事案の概要

Xの言い分

私は、Yに対し、平成20年6月25日、甲建物を、以下の約定で賃貸し(以下「本件賃貸借契約」といいます)、同年7月1日、同建物を引き渡しました。

(1) 賃貸期間　　平成20年7月1日から5年間
(2) 賃　料　　月額20万円
(3) 賃料支払方法　　毎月末日に翌月分を支払う。

ところが、Yは、平成22年11月分以降、お金がないなどと言って、賃料の支払をしなくなりました。

そこで、私は、平成23年4月14日、Yに対し、平成22年11月分から平成23年4月分までの未払賃料合計120万円(以下「本件未払賃料」といいます)を2週間以内に支払うよう催告しましたが、それでも支払がなかったため、平成23年7月1日、Yに対し、本件賃貸借契約を解除するとの意思表示をしました。

そこで、私は、Yに対し、甲建物の明渡しを求めたいと思います。

なお、私は、Yが甲建物の修理をしたと聞いたので、Yに対し、修理費として30万円を支払いました。Yの主張する雨漏りを修理するための費用は30万円もあれば十分だからです。

Yの言い分

私は、平成22年10月20日、150万円をかけて甲建物の屋根の雨漏りを修理し、その代金を業者に支払いましたが、その費用は、私が負担すべきものではないので、その分を回収するため、同年11月分以降の賃料の支払をしなかっただけなのです。

そして、私は、平成23年6月2日頃、Xに対し、上記修理費用の支出に基づく債権と本件未払賃料債権とを対当額で相殺する旨を告げました。

仮に上記相殺が認められなかったとしても、私は、Xが甲建物の修理費用を支払ってくれるまでは、甲建物を明け渡すつもりはありません。

第2　訴訟物

訴訟物	賃貸借契約の終了に基づく目的物返還請求権としての建物明渡請求権
訴訟物の個数	1個

主文・請求の趣旨

被告は、原告に対し、甲建物を明け渡せ。

訴訟物は、本試験の設問において、賃貸借契約の終了に基づく目的物返還請求権としての建物明渡請求権と指定されています。

この請求権は、賃貸借契約に基づくものですが、契約終了時に発生するものです。

第3　当事者の主張

1　請求原因

	抽象的要件	要件事実
あ	賃貸借契約の成立	X・Y　H20.6.25 甲建物賃貸借 賃料　月額20万円
い	賃貸物の引渡し	X→Y　H20.7.1 （あ）に基づく甲建物引渡し
う	賃料支払期限の約定	X・Y　（あ）の際、毎月の賃料を前月末日に支払うとの合意
え	賃料支払期限の経過	H22.10～H23.3の各末日経過
お	催告	X→Y　H23.4.14 H22.11～H23.4分の賃料支払を催告
か	客観的相当期間の経過	H23.4.28経過
き	解除の意思表示	X→Y　H23.7.1 （あ）の契約を解除

ア　概　要

賃貸借契約の終了時に発生する請求権ですから、その発生要件として、①賃貸借契約が成立したことと、同契約が終了したことの両方が必要となります。また、目的物の返還を求める前提として、②賃貸人が賃借人に目的物を引き渡したことも必要となります。

イ 賃貸借の終了

本問の賃貸借は、履行遅滞（賃料不払）を理由とする解除（民541条）により終了しています。

建物賃料の支払期限は月末とされています（民614条）が、同条は任意規定であるため、これと異なる期限を定めることができ、本問の賃貸借契約でも、月末ではなく、前月末を期限としています。

履行遅滞の実体要件は、履行期までに履行をしなかったことですが、このうち、「履行をしなかったこと」については、その反対事実である「履行をしたこと」が抗弁に回る（大判大正8年7月22日民録25巻1344頁）ため、履行期が経過したことだけが要件事実になると考えられています。そこで、本問では、③民法614条とは異なる賃料支払期限の定めをしたこと、④その期限が経過したことが、履行遅滞の要件事実となります。

また、履行遅滞を理由とする解除をするには、相当の期間を定めてその履行の催告をすることが必要です（民541条）が、相当の期間を定めない催告であっても、催告後客観的に相当な期間が経過すると解除権が発生するとされている（最三小判昭和29年12月21日民集8巻12号2211頁、最二小判昭和31年12月6日民集10巻12号1527頁）ため、履行遅滞の要件事実に加え、⑤催告をしたこと、⑥催告後客観的に相当な期間が経過したことが、解除権発生の要件となります。

解除権の発生後は、⑦解除の意思表示により、賃貸借を終了させることができます。

ウ 要件事実

上記抽象的要件に該当する要件事実は、以下のとおりになります。

① X・Y間で甲建物を目的とする賃貸借契約が成立したこと
② ①に基づいて、XがYに甲建物を引き渡したこと
③ ①において、賃料の支払期限を前月末とする合意をしたこと
④ 平成22年10月から平成23年3月の各末日が経過したこと
⑤ XがYに未払賃料の支払を催告したこと
⑥ ⑤から相当期間（本試験の設問では2週間）が経過したこと
⑦ XがYに①の契約を解除するとの意思表示をしたこと

2　抗弁――解除権の消滅

	抽象的要件	要件事実
サ	必要費の支出	Y　H22.10.20 甲建物修理　150万円支出
シ	解除前の相殺の意思表示	Y→X　H23.6.2頃 （サ）の債権と（え）の債権を対当額で相殺

ア　解除権の消滅

Xの催告後、平成23年4月28日の経過（客観的相当期間の経過）により、Xには契約の解除権が発生しましたが、Yが同年6月2日頃に本件未払賃料債務を相殺により消滅させたことで、この解除権が消滅したとの主張です。

➡催告期間経過後解除前に債務者が当該債務の履行をすると解除権は消滅します（大判大正6年7月10日民録23輯1128頁参照）。

そうすると、Xが同年7月1日にした解除は無効ですから、賃貸借契約は終了しておらず、賃貸借契約の終了に基づく建物明渡請求権も発生していなかったことになります。

このように、本抗弁は、解除権の消滅により、訴訟物である請求権の発生が障害されたと主張するものであり、障害の抗弁となります。

➡なお、法務省が公表している「論文式試験出題の趣旨」では、本抗弁のことを「相殺の抗弁」と表記していますが、相殺の抗弁とは、相殺により請求権を消滅させる抗弁（そして多くの場合は訴訟上の相殺）を意味するのが一般であるため、本抗弁を「相殺の抗弁」と表記することには大変に違和感があります。

イ　相　殺

Yによる相殺の自働債権は賃借人の賃貸人に対する必要費償還請求権であり、受働債権は未払賃料債権です。

賃借建物の雨漏りを修繕することは、本来、賃貸人がすべきことですから、これを賃借人がしたのであれば、賃貸人の負担に属する必要費を賃借人が支出したことになり、賃借人は、直ちに、賃貸人に対し、その償還を請求することができます（民608条1項）。Yが雨漏りの修理をしてその費用を支出したのは平成22年10月20日ですから、同日に費用償還請求権が発生し、直ちにその弁済期が到来したことになります。

➡なお、問題を単純化するため、本試験の設問と異なり、修理をしたのも平成22年10月20日としています。

Ｙが相殺の意思表示をした平成23年６月２日には、受働債権である本件未払賃料債権の弁済期も全て到来していますから、同日までに相殺適状になっています。

ウ　抽象的要件（本試験の設問１⑴の解答）

以上によると、本抗弁の抽象的要件は、解除前に債務者が相殺により当該債務を消滅させたこととなります。相殺は、自働債権の発生原因と、相殺の意思表示をしたことを主張すれば足ります（受働債権の発生は請求原因で明らかになっています）が、本問の自働債権の発生原因は、賃貸人の負担に属する必要費を賃借人が支出したことです。

エ　要件事実

上記の抽象的要件に該当する要件事実は、次のとおりになります。

①　貸借人であるＹが貸借物である甲建物を修理してその費用を支出したこと

②　Ｙが①に基づく必要費償還請求権と未払賃料債権とを対当額で相殺したこと

③　②がＸの解除より前であること

➡なお、本試験の設問によると、Ｙは、①を立証するために、請負人から受領した領収証（その末尾に手書きで請負人の氏名が記載されている）を提出したところ、Ｘは、この文書の成立を「否認する」との陳述をしたものの、否認する理由を明らかにしていません（民訴規145条違反）。否認する理由としては、①この氏名の記載が請負人の自署であることを否認する場合と、②自署であることは認めるがそれが利用されて領収証が偽造されたなどと主張する場合があります。①の場合、Ｙは、当該氏名の記載が請負人の自署であることを立証する必要がありますが、②の場合、この領収証は真正に成立したものと推定されます（民訴228条４項）から、逆に、Ｘが、この推定を覆すための立証をする必要があります。このように、否認の理由如何で、その後の審理内容が変わってきますから、裁判所は、Ｘに対し、いかなる理由で否認するのかを確認する必要があります（本試験の設問２の解答）。

➡③のように、時間的先後関係等が要件事実になることを、「時的要素」と呼ぶことがあります。なお、本試験の設問によると、証拠調べの結果、Ｙの相殺がＸの解除より後に行われたとの心証が形成されたとのことですから、③の立証がないとして、本抗弁の成立は認められないことになります。

◘3　抗弁――留置権

	抽象的要件	要件事実
ス	他人の物の占有	X　甲建物所有 Y　甲建物占有
セ	（ス）の物に関して生じた債権の発生原因	Y　H22.10.20 甲建物修理　150万円支出
ソ	留置権を行使するとの意思の表明	「費用償還債務が履行されるまでは、甲建物の明渡しを拒絶する。」

ア　概要（本試験の設問1⑵の解答）

Yは、「仮に相殺が認められなかったとしても、私は、Xが甲建物の修理費用を支払ってくれるまでは、甲建物を明け渡すつもりはありません。」と主張しています。賃借人は、賃貸借の終了後も、費用が償還されるまで目的物を留置することができる（大判昭和14年4月28日民集18巻484頁）ことから、Yは、屋根の修繕に係る費用償還請求権を被担保債権とする留置権を行使していると考えられます。

イ　抽象的要件

留置権の発生要件は、民法295条本文によると、①他人の物を占有していることと、②その物に関して生じた債権（被担保債権）を有することですが、本問の被担保債権は、賃借人が目的物に関して負担した費用の償還請求権です。

➡なお、この請求権は、発生と同時に弁済期に達しています（民295条ただし書を充足）。

また、留置権の抗弁は、権利を行使する旨の意思の表明を必要とする権利抗弁です（最一小判昭和27年11月27日民集6巻10号1062頁）。

ウ　要件事実等

⑴　上記の抽象的要件に該当する要件事実は、次のとおりになります。

①　YがXの所有する甲建物を占有していること

②　賃借人であるYが賃借物である甲建物を修理してその費用を支出したこと（Yが賃借人であることや、甲建物が賃借物であることは、請求原因で明らかになっています）

⑵「留置権を行使するとの意思の表明」は、裁判所に対して表明すれば足ります。

エ　留置権の抗弁が認められた場合の判決主文

留置権の抗弁が認められると、請求棄却の主文になるのではなく、引換給付の主文となります（最一小判昭和33年3月13日民集12巻3号524頁、最二

小判昭和33年6月6日民集12巻9号1384頁）。

Xが修理費用の一部として30万円を支払ったことが主張立証されると、残額は120万円になりますから、次のような主文になります（本試験の設問(3)の解答）。

> 1　被告は、原告から120万円の支払を受けるのと引換えに、原告に対し、甲建物を明け渡せ。
> 2　原告のその余の請求を棄却する。

➡**留置権の抗弁の成立が認められて、一部認容となる（全部認容ではない）ため、「その余の請求を棄却する」との主文が必要になるものです。**

3 平成25年司法試験予備試験論文式試験

[法律実務基礎科目(民事)]

第1　事案の概要

Aは、平成23年4月1日、Yの父であるBに対し、マンション甲の301号室（以下「本件建物」といいます）を、賃料月額5万円と定めて賃貸し（以下「本件賃貸借契約」といいます）、引き渡しました。

Bは、平成24年4月2日、Yに対し、本件建物を、賃料月額5万円と定めて賃貸し、引き渡しました。

Aは、平成24年7月16日、Bに対し、Aに無断で本件建物を転貸したことを理由に、本件賃貸借契約を解除するとの意思表示をしました。

Xは、Aから、平成24年9月3日、本件建物を代金500万円で買い、その所有権移転登記を経由しました。

Xは、Yを被告として、所有権に基づき、本件建物の明渡しを求める訴訟を提起したところ、Yは、本件賃貸借契約には本件建物を転貸することをAが認める旨の特約があったと主張して、Xの請求の棄却を求めています。

この訴訟の係属中である平成24年11月2日にBが死亡しました。Bの相続人はYだけでした。

第2　訴訟物

訴訟物	所有権に基づく返還請求権としての建物明渡請求権
訴訟物の個数	1個

主文・請求の趣旨

被告は、原告に対し、マンション甲の301号室を明け渡せ。

訴訟物は、本試験の設問において、所有権に基づく返還請求権としての建物明渡請求権と指定されています。

この請求権は、物権的請求権の3類型のうちの1つである返還請求権です。占有の侵奪が続く限り不断に発生するものですから、基準時である口頭弁論終結日にまさに発生した返還請求権を訴訟物にします。

第3 当事者の主張

1 請求原因

	抽象的要件	要件事実
あ	原告の前主の所有	A H23.4.1 建物所有
い	前主から原告への所有権移転原因	A・X H24.9.3 建物売買 代金500万円
う	被告の占有	Y 建物占有

ア 概 要

口頭弁論終結日にまさに発生した返還請求権が訴訟物ですから、その発生要件は、「原告の現在の当該物の所有」と「被告の現在の当該物の占有」となりますが、前者は、被告の権利自白の態様によって主張内容が異なります。

イ 要件事実

a Xの現在の所有

本試験の設問では、Xが、「前主であるAが平成23年4月1日に本件建物を所有していたこと」及び「XがAから平成24年9月3日に本件建物を500万円で買ったこと」を主張したとしています。

➡Xの現在の所有をYが争っていないので、Xは現在の所有を主張すれば足りるところなのですが、抗弁で、Aの平成23年4月1日所有の事実が必要となることから、設問構成の都合上、請求原因で先回りして主張させているのです（なお、司研・新問題研究112頁も同じ理由で先回り主張させています）。

本試験の設問によると、Yはこれらの事実を認めていますから、Aの平成23年4月1日における所有が権利自白により確定し、また、A・X間の売買契約の成立の事実も自白により確定します。そこで、本件建物の所有権は、平成24年9月3日にAからXへ移転し、それが現在まで存続していることになります。

➡設問の都合上、このようなイレギュラーな認否がされているものですが、このような出題の仕方自体、適当ではないというべきです。

b Yの現在の占有

Yが本件建物を現在占有していることが要件事実になります。

◆2　Bの死亡前の抗弁 —— 占有権原

	抽象的要件	要件事実
カ	賃貸借契約の成立	A・B　H23.4.1 建物賃貸借 賃料　月額５万円
キ	（カ）に基づく引渡し	A→B　H23.4.1 （カ）に基づく建物引渡し
ク	賃貸人による転貸の承諾	A→B　H23.4.1 （カ）の際、建物を転貸することを承諾
ケ	転貸借契約の成立	B・Y　H24.4.2 建物賃貸借 賃料　月額５万円
コ	（ケ）に基づく引渡し	B→Y　H24.4.2 （ケ）に基づく建物引渡し

ア　概　要

抗弁は、本試験の設問において、占有権原の抗弁と指定されています。

所有権に基づく物の返還請求に対し、被告は、自己の占有が権原に基づく適法なものであることを抗弁とすることができますが、Yは、占有権原として、本件建物の転借権の存在を主張しています。

イ　抽象的要件（本試験の設問１⑵の解答）

占有権原（賃借権）の抗弁では、賃借権の発生原因である賃貸借契約の成立のほか、賃借人が当該賃貸借契約に基づいて目的物の引渡しを受けたことも、自己の占有の適法性を基礎付ける事実として必要になります。

➡賃借人といえども、賃貸人から目的物の引渡しを受けたのではなく、不法にその占有を開始したのであれば、その占有は権原に基づく適法なものとはいえないからです（本試験の設問１⑴の解答）。

本問のように転借権の存在を占有権原として主張する場合は、①原賃貸借契約が成立し、②それに基づいて原賃借人が目的物の引渡しを受け、さらに、③転貸借契約が成立し、④それに基づいて転借人が目的物の引渡しを受けたことのほか、転貸借が適法であることを基礎付けるため、⑤原賃貸人が転貸借を承諾したことも抽象的要件になります（本試験の設問１⑵の解答）。

➡原賃貸人が転貸借を承諾したことは転借人が主張立証責任を負うと解されています。

➡なお、占有権原の設定後に建物を取得したXに対して占有権原を主張するのですから、Yは、Xに占有権原を対抗するための対抗要件を具備したことをも主張しなければな

らないとも考えられます。建物の引渡しも対抗要件になります（借地借家10条）から、この考え方によると、建物の引渡しの主張は対抗要件具備の主張を兼ねていることになります。しかしながら、対抗要件は、相手方が具備不具備を問題にした場合に初めて、その具備を主張すれば足りるのであって、相手方が何ら問題にしていないのに、先回りして具備の主張をする必要はありません。Xは、Yの対抗要件の具備不具備を問題にしていませんから、Yが対抗要件の具備を主張する必要はなく、そうすると、建物の引渡しの主張は対抗要件の具備の主張は兼ねていないことになります（本試験の設問1⑴の解答）。

ウ　要件事実

上記抽象的要件に該当する要件事実は、以下のとおりになります。

① A・B間で本件建物を目的とする賃貸借契約が成立したこと

② Bが①に基づいて本件建物の引渡しを受けたこと

③ B・Y間で本件建物を目的とする賃貸借契約が成立したこと

④ Yが③に基づいて本件建物の引渡しを受けたこと

⑤ ①の契約においてAがBに対し本件建物の転貸を承諾したこと

➡なお、Yは、⑤を立証するために、建物の転貸を承諾するとの手書きの文言がある賃貸借契約書を提出しています。この契約書にはAの署名押印があり、Aはこの署名押印が自らのものであることを認めているため、成立の真正が推定されます（民訴228条4項）。しかしながら、この手書きの文言は、実は、第三者が書き加えたもののようです。Xは、A及びBの尋問を申請する、Aの筆跡を対照することができる文書を書証として提出するなどにより、第三者による加筆を立証することで、上記の推定を覆すことができます（本試験の設問2の解答）。

◎3　B死亡後の抗弁――占有権原

	抽象的要件	要件事実
カ	賃貸借契約の成立	A・B　H23.4.1 建物賃貸借 賃料　月額5万円
キ	（カ）に基づく引渡し	A→B　H23.4.1 （カ）に基づく建物引渡し
ク	被相続人の死亡	B　H24.11.2　死亡
ケ	相続人であるための身分関係及び同時存在	Y　Bの子 Y　Bの死亡時に生存

Bが死亡し、YがBを相続すると、Yの転借権は、債権者と債務者が同一人になったことで混同（民520条）により消滅します。そこで、上記2の転

借権を占有権原とする抗弁は維持できなくなります。

しかしながら、Yは、相続により、Bの賃借権を承継しますから、これを占有権原とする抗弁を新たに提出できることになります（本試験の設問3(1)の解答）。

この場合は、占有権原（賃借権）の要件事実（賃貸借契約の成立、それに基づく引渡し）のほか、相続の要件事実が必要になります。

相続の要件事実は、Yが第１順位の相続人であるため、被相続人が死亡したこと、自己が被相続人の子であること、被相続人の死亡時に自己が生存していたことで足ります。

➡後順位の相続人であれば、先順位相続人がいないことも要件事実になります（第２章「3　賃貸物明渡請求」２オ参照）。

◇4　B死亡後の再抗弁――賃貸借の解除

	抽象的要件	要件事実
さ	賃借人による無断転貸	B・Y　H24.4.2 建物賃貸借 賃料　月額５万円
し		B→Y　H24.4.2 (さ) に基づく建物引渡し
す		Y　建物使用収益開始
せ	解　除	A→B　H24.7.16 (カ) を解除

A・B間で締結された賃貸借契約が無断転貸を理由に解除（民612条２項）されると、この契約に基づく賃借権は将来に向かって消滅し（民620条）、上記３の占有権原も認められなくなります。そこで、この解除が、占有権原の抗弁に対する再抗弁となります（本試験の設問3(2)の解答）。

解除権の発生要件は、民法612条２項によると、「賃借人が、賃貸人の承諾を得ずに、賃借物を転貸して、第三者に賃借物の使用又は収益をさせたこと」となりますが、このうち、賃貸人の承諾を得なかったことは、判例（大判昭和10年10月12日判決全集２巻23号７頁、大判昭和13年５月12日判決全集５巻11号29頁）によって、賃借人が、その反対事実である「賃貸人の承諾を得たこと」の主張立証責任を負うとされているため、これが再々抗弁に回ります。

そこで、この再抗弁の抽象的要件は、同項の残りの要件である「賃借人が賃借物を第三者に転貸したこと」、「第三者が賃借物の使用収益をしたこと」と、「解除の意思表示をしたこと」になります。

5 B死亡後の再々抗弁――転貸の承諾

上記4で説明したとおり、賃借人が賃貸人から転貸の承諾を得たことは再々抗弁となります。

➡なお、本試験の設問によると、このほかに、「背信性の不存在」の再々抗弁が提出されたようです。当該無断転貸につき、賃貸人に対する背信的行為と認めるに足らない事情がある場合は、無断転貸を理由とする解除権は発生しないという判例（最二小判昭和28年9月25日民集7巻9号979頁）によるものです。再抗弁の解除権を発生させない事情であり、再々抗弁となります。Yは、背信性の不存在の評価根拠事実として、YはBの子であること（賃借人と転借人との密接な人的関係）、転貸が非営利的であること（原賃貸と転貸の賃料が同額）、子であるYが借金を返済しやすくするためにした転貸であること（転貸の動機）などを主張しているようですが、一方で、Yが、大学卒業後、就職もせず遊んでおり、貸金業者から約150万円もの借金をしていたこと、Aは、本件建物を賃貸目的で買ったにもかかわらず、長年の友人であるBだからこそ相場より安い賃料で貸していたことなど、背信性の不存在の評価を障害する事実も認められたようです。これらを総合すると、Yの主張する事実がどれも評価根拠事実としては弱いこともあり、本来許されない無断転貸の背信性を否定するだけの事情があるとはいえませんから、背信性の不存在の再々抗弁は認められません（本試験の設問4の解答）。

4 平成26年司法試験予備試験論文式試験

［法律実務基礎科目（民事）］

第1　事案の概要

Xの言い分

私は、平成15年12月1日、父であるYから、甲土地の贈与を受けましたが、同土地の名義は、現在もYのままです。

そこで、私は、Yを被告として、甲土地について、贈与を原因とする私への所有権移転登記をすることを求める訴訟を提起しました。

また、私は、Yから、平成15年11月1日、「甲土地上にある建物を取り壊す。取り壊したら、甲土地はお前にただでやる」などと言われ、甲土地の権利証の交付を受け、同年12月1日に同土地の引渡しを受け、それから10年以上にわたり同土地を占有したことで、取得時効が完成していますから、時効取得を原因とする所有権移転登記をすることを求める請求を追加することとし、上記時効を援用することなどを記載した「訴えの変更申立書」を、平成26年2月28日より後に、裁判所に提出したところ、これがYに送達されました。

Yの言い分

私は、その所有する甲土地をXに贈与したのではなく無償で貸したものですから、Xの請求は認められません。

第2　訴訟物

訴訟物	贈与契約に基づく所有権移転登記請求権 所有権に基づく妨害排除請求権としての所有権移転登記請求権
訴訟物の個数	2個
併合形態	選択的併合

主文・請求の趣旨

被告は、原告に対し、甲土地について、平成15年12月1日贈与又は同日時効取得を原因とする所有権移転登記手続をせよ。

➡なお、本試験の［設問1］の段階では、贈与を原因とする移転登記請求だけでしたので、「被告は、原告に対し、甲土地について、平成15年12月1日贈与を原因とする所有権移転登記手続をせよ。」となります（本試験の設問1⑴の解答）。

1 訴訟物の個数・併合形態

Xは、当初は、贈与契約に基づく所有権移転登記請求権のみを訴訟物としていましたが、その後、時効取得を原因とする所有権移転登記請求を追加したものです。

➡この追加は、訴えの変更（追加的変更）に当たるため、その申立書は、被告に送達する必要があります（民訴143条3項）。本試験の設問3において、被告の訴訟代理人は、この申立書の副本を受領しており、被告への送達がされたことが示されています。

2 贈与を原因とする所有権移転登記請求

不動産を目的とする贈与契約が成立すると、受贈者には、目的物に係る所有権移転登記請求権が発生します。これは、いわゆる債権的登記請求権です（第4章「3 所有権移転登記請求」1イ参照）。

3 時効取得を原因とする所有権移転登記請求

司法研修所は、この請求の訴訟物を、所有権に基づく妨害排除請求権としての所有権移転登記請求権と解しています。

➡もっとも、これは、司法研修所の独自の見解にすぎません（第4章「3 所有権移転登記請求」1ウ参照）。登記請求権の法的性質については大昔から学説の議論が続いていますが、その中でも、かなり独特な見解です。このような独自の見解に依拠して司法試験予備試験の問題を作成することには疑問を感じます。

妨害排除請求権は、所有権侵害が継続する限り不断に発生しますから、基準時である口頭弁論終結日（＝現在）にまさに発生した妨害排除請求権が訴訟物になります。

第3 贈与契約に基づく所有権移転登記請求

1 請求原因

	抽象的要件	要件事実
あ	贈与契約の成立	X・Y H15.12.1 甲土地贈与

ア 抽象的要件

不動産を目的とする贈与契約が成立すると、受贈者には、目的物に係る所有権移転登記請求権が発生します（民559条・560条）から、請求原因の抽象的要件は、贈与契約が成立したことだけで足ります（本試験の設問1⑵の解答）。

イ　要件事実

贈与の冒頭規定である民法549条によると、贈与契約の成立要件は「目的物を無償で与えることの合意」ですから、要件事実は、「X・Y間で、YがXに甲土地を無償で与える合意をしたこと」となります（本試験の設問1⑵の解答）。

➡なお、Yは、甲土地をXに贈与したのではなく、無償で貸したにすぎないとしていますが、これは、理由を付けて、贈与契約の成立という請求原因事実を否認しているものです（理由付否認）。

◘2　事実認定（本試験の設問4の解答）

本試験の設問によると、XY双方の本人尋問により、次の事実が明らかになっています。

ア　Xに有利な事実（＝贈与があったことを推認させる事実）

⑴　X　甲土地の引渡しを受けた後、その上に、家族が末永く住めるような鉄筋コンクリート造りの建物を、自己の預貯金から3000万円を支出して建築（贈与を受けて自己所有になった土地であるからこそ、その上に、多額の費用をかけて堅固な建物を建築した）。

➡これに対し、Yは、Xに甲土地を相続させようと考えていたため、この建物の建築に異議を述べなかったと供述しています。

⑵　Y　Xに甲土地の登記済証を交付（登記済証は所有者が所持するのが通常）。

➡これに対し、Yは、登記済証の保管をXに依頼したにすぎないと供述しています。
➡なお、現在では、登記済証の制度は廃止されています。

⑶　X　平成16年以降、甲土地に係る固定資産税等を支払う。

⑷　X　平成16年から平成25年までYの面倒をみる（Xは、Yから甲土地の贈与を受けた見返りとしてYの面倒をみていたと主張）。

➡この⑶、⑷に対し、Yは、老後の面倒をみてもらい、固定資産税等の支払もしてもらい、それらの見返りとして、甲土地をXに相続させようと考えていたと供述しています。

⑸　そのほかに、「Y　甲建物から勝手に出ていって、Xの弟であるAとの同居を開始した」という事実が、贈与契約の成立の間接事実にはならないものの、Yの供述の信用性を失わせるという意味で、Xに有利な事実になり

ます。

➡この事実は、贈与契約の成立の間接事実ではないことから、出題者は、この事実を拾うことは要求していないとも考えられます。しかしながら、Xは、Yが虚偽の供述をする動機として、この事実を掲げており、実務的には、重要なポイントになるところです。

➡もっとも、この事実は、Xの供述の信用性をも失わせるものであり、諸刃の剣となっています。Xが、Aとの遺産争いを回避するために、甲土地の贈与をでっち上げる動機ともなり得るからです。

イ　Yに有利な事実（＝贈与があったとの推認を妨げる事実）

⑴　X　甲土地の贈与税の申告をしていない。

⑵　X　甲土地の所有権移転登記を経由していない。

⑶　X・Y　甲土地の贈与に係る契約書を作成していない。

第4　時効取得を原因とする所有権移転登記請求

⊡1　請求原因

	抽象的要件	要件事実
い	10年の始期における占有	X　H15.12.1 甲土地占有
う	10年の終期における占有	X　H25.12.1 甲土地占有
え	10年の始期における無過失	Y→X　H15.11.1 「甲土地をお前にただでやる。」 Y→X　H15.11.1 甲土地の登記済証　交付
お	時効の援用	X→Y　H○.○.○ 時効の援用
か	占有以外の態様で所有権を侵害	甲土地にY名義の所有権移転登記

ア　要件事実（本試験の設問2⑵の解答）

請求原因の要件事実は、原告による所有権の取得（＝時効取得）と、被告による所有権の妨害とに、大きく分けられます。

a　時効の完成

短期取得時効の完成の要件は、「他人の物の10年間の占有」、「占有の始期における善意」「占有の始期における無過失」、「所有の意思」、「平穏」、「公然」（民162条2項）ですが、これらのうち、「所有の意思」、「占有の始期における善意」「平穏」、「公然」は、民法186条1項により推定されますから、請求原因の要件事実にはならずに、これらの不存在が抗弁に回ります。

また、判例（最二小判昭和42年7月21日民集21巻6号1643頁、最一小判昭和44年12月18日民集23巻12号2467頁）によると、「他人の物」であることは時効取得の実体要件ではありません（司研・新問題研究101頁）から、要件事実にもなりません。

➡**もっとも学者の試験委員が同じように理解しているとは限りません。**

残った要件は、「10年間の占有」、「占有の始期における無過失」になりますが、前者は、その両端の占有を立証すれば、その間の占有が法律上推定される（民186条2項）ことから、両端の占有のみを要件事実とすることもできます（そこで、本試験の設問では、両端の占有のみを要件事実としています）。また、本試験の設問は、後者の評価根拠事実として、Xの占有開始の1か月前にYがXに対し「甲土地はお前にただでやる。」などと言って甲土地の権利証を交付したことを挙げています。

b　時効の援用

時効学説のうちの不確定効果説・停止条件説によると、時効の援用は、時効により不利益を受ける者に対する実体上の意思表示となります。

c　被告による所有権の妨害

被告名義の所有権登記があることで、時効取得をした原告の所有権が妨害されているというのが司法研修所の（独自の）見解です。

口頭弁論終結日（＝現在）に発生した妨害排除請求権が訴訟物になりますから、現在における被告の所有権登記の存在が要件事実になります。

イ　要件事実等

以上の抽象的要件に該当する要件事実（又は評価根拠事実）は、次のとおりになります。

①　Xが平成15年12月1日に甲土地を占有

②　Xが平成25年12月1日に甲土地を占有（本試験設問2⑴の解答）

③　①の際の無過失の評価根拠事実

　㋐　YがXに対し「甲土地はお前にただでやる。」などと発言

　㋑　YがXに甲土地の権利証の交付

④　XがYに対し時効援用の意思表示

⑤　甲土地にYの所有権移転登記が存在（本試験設問2⑴の解答）

a　②（短期取得時効の完成）について

平成15年12月1日の翌日から起算して（民140条）、10年後は平成25年12月1日となります（民143条2項）から、同日における占有が要件事実となります。

b　③（占有開始時の無過失）について

③の基準時は平成15年12月1日ですから、③の評価根拠事実は、原則として、同日までに発生した事実に限られます。

➡例えば、Xが平成16年以降に甲土地の固定資産税等を支払ったという事実は、平成15年12月1日における無過失を根拠付ける事実になりません（本試験の設問2⑶の解答）。

2　抗弁――他主占有権原

	抽象的要件	要件事実
サ	目的物を引き渡し、それを無償で使用及び収益をした後に返還をすることの合意	X・Y　H15.12.1 甲土地　引渡し及び無償使用後の返還合意

ア　概　要

Yは、「甲土地をXに贈与したのではなく無償で貸したものである」と主張しており、「Xの所有の意思の不存在」の主張をしているものと考えられます。

➡短期取得時効の完成の要件のうち「所有の意思」は、その不存在が抗弁に回ります（上記1アa参照）。

Xは、使用借権に基づいて占有しているのであれば、所有の意思をもって占有しているとはいえません。

このような場合を「他主占有権原」に基づく占有といい、所有の意思が不存在である場合の類型の1つとされています。

イ　抽象的要件

本問の他主占有権原は使用借権です。そこで、その発生原因として、使用貸借契約の成立の主張立証が必要です。

使用貸借の冒頭規定である民法593条によると、使用貸借契約の成立要件は、①目的物の引渡しの合意、②目的物を無償で使用収益をし、その後に返還することの合意です。

ウ　要件事実

以上の抽象的要件に該当する要件事実は、「X・Y間で、XがYから引渡しを受けた甲土地を無償で使用及び収益をした後にYに返還する合意をしたこと」となります（本試験の設問3の解答）。

5 平成27年司法試験予備試験論文式試験

[法律実務基礎科目（民事）]

第１　事案の概要

Ｘの言い分

私は、平成 26 年９月１日、Ｙの代理人であるＡから、Ｙの所有する本件土地を、以下の条件で買いました。

⑴　売買代金は 250 万円とする。

⑵　Ｘは、Ｙに対し、同月 30 日、本件土地の所有権移転登記と引き換えに、売買代金全額を支払う。

⑶　Ｙは、Ｘに対し、同月 30 日、本件土地の売買代金の支払と引き換えに、本件土地の所有権移転登記を行う。

私は、同月 30 日、Ａに対し、本件土地の売買代金 250 万円を支払いましたが、Ａ及びＹは、現在に至るまで、本件土地の引渡し及び所有権移転登記に応じません。

そこで、私は、Ｙを被告として、本件土地について、その引渡し及び所有権移転登記を求める訴訟を提起しました。

Ｙの言い分

私は、Ａに対し、本件土地をＸに代金 280 万円以上で売却することの依頼をしたことはありますが、代金 250 万円で売却することを承諾したことはありません。

また、私は、本件土地の売買代金の支払も受けていません。そこで、私は、念のため、Ｙに対し、平成 26 年 11 月１日到着の書面で、１週間以内に売買代金の全額を支払うよう催告した上で、同月 15 日到着の書面で、売買契約を解除するとの通知をしました。

第２　訴訟物

訴訟物	売買契約に基づく所有権移転登記請求権及び土地引渡請求権
訴訟物の個数	１個

主文・請求の趣旨（本試験の設問１（１）の解答）

１　被告は、原告に対し、本件土地について、平成26年９月１日売買を原因とする所有権移転登記手続をせよ。
２　被告は、原告に対し、本件土地を引き渡せ。

訴訟物は、本試験の設問において、売買契約に基づく目的不動産の所有権移転登記請求権及び引渡請求権と指定されています。

２つのこと（所有権移転登記、引渡し）を求めていますが、１つの売買契約に基づくものであるため、訴訟物の個数は１個であると考えられています。

第３　当事者の主張

１　請求原因

	抽象的要件	要件事実
あ	代理人による売買契約の成立	X・A　H 26.9.1 本件土地売買 代金 250 万円
い	顕名	A　（あ）の際、Yのためにすることを示す
う	代理権の授与	Y→A　（あ）に先立ち、（あ）の代理権授与

ア　抽象的要件（本試験の設問１⑵の解答）

売買契約に基づく目的不動産の所有権移転登記請求権及び引渡請求権は、売買契約が成立すれば直ちに発生しますから、請求原因では、当該不動産を目的とする売買契約の成立を主張すれば足ります。

ただし、本問では、Yの代理人であるAが意思表示をしていますから、その効果が本人Yに帰属するための要件として、「顕名（本人のためにするとの意思表示）」及び「代理権の授与」が必要となります（民99条１項）。

イ　要件事実

上記の抽象的要件に該当する要件事実は、以下のとおりになります。

①　X・A間で本件土地を目的とし代金を250万円とする売買契約が成立

したこと

② Aが、①の際、Yのためにすることを示したこと

③ Yが、①に先立ち、Aに対し、①の契約をする代理権を授与したこと

➡なお、Xは、①の契約書である本件売買契約書を、XとAが作成したものとして証拠提出していますが、Yはその成立を争っていませんから、裁判所は、この契約書のA作成部分について、Aが作成したものと認めることができます（設問3⑴の解答）。

➡なお、Yは実印を自宅の鍵付きの金庫に保管しているのに、Aは、Yの実印による押印がされた金額欄空欄の本件売買契約書を所持していたそうです。Yの実印は他人が使用できないため、Yがこの契約書に自ら押印してAに交付したと認めるべきです（Yは、別件でAに実印を預けたことがあると主張してますが、別件を認める証拠がないため、この主張は採用できません）。

Aは、Yの希望最低額である280万円と大きくは変わらない250万円を代金額とすることでXと合意しましたが、実印で押印した金額欄空欄の売買契約書をAに交付したYとしては、Aがこのような合意をすることも承諾していたというべきです（本試験の設問3⑵の解答）。

ウ 認否

Yは、本件土地を250万円で売ることの承諾はしていないと主張しており、この額で本件土地を売る代理権を授与したことを否認しています（本試験の設問2⑴の解答（抗弁ではなく否認））。その余の要件事実についても、不知又は否認していると思われます。

2 抗弁――売買契約の履行遅滞解除

ア 概要

売買契約が履行遅滞解除されたことにより、当該売買契約の成立によって発生した所有権移転登記請求権及び目的物引渡請求権が遡及的に消滅したという主張であり、消滅の抗弁となります。

イ 抽象的要件

履行遅滞の実体要件は、履行期までに履行をしなかったことですが、このうち、「履行をしなかったこと」については、その反対事実である「履行をしたこと」が抗弁に回る（大判大正8年7月22日民録25巻1344頁）ため、履行期が経過したことだけが要件事実になると考えられています。

そこで、履行遅滞の要件事実としては、①売買代金の支払期限を定めたことと、②その期限が経過したことが必要となります。

もっとも、履行期限が経過しても、双務契約の反対債務（＝反対当事者の

負う債務）が履行されなければ、同時履行の抗弁の存在効果により、履行遅滞とはならない（最三小判昭和29年7月27日民集8巻7号1455頁）とされていますから、③双務契約の反対債務の履行がされたことも要件事実となります。

また、履行遅滞を理由とする解除をするには、相当の期間を定めてその履行の催告をすることが必要です（民541条）が、相当の期間を定めない催告であっても、催告後客観的に相当な期間が経過すると解除権が発生するとされている（最三小判昭和29年12月21日民集8巻12号2211頁、最二小判昭和31年12月6日民集10巻12号1527頁）ため、解除権発生の要件事実としては、①〜③に加え、④催告をしたこと、⑤催告後客観的に相当な期間が経過したことで足りることになります。

解除権の発生後は、⑥解除の意思表示により、売買契約を解除することができます。

ウ　本問の場合

本問では、上記①〜⑥の抽象的要件のうち、③が充足されていません。双務契約の反対債務（＝売主の債務。その主たるものは、本件土地の所有権移転登記手続協力義務）が履行されていないからです。

したがって、本問では、この抗弁は成立しないということになります（本試験の設問2⑵の解答）。

➡なお、本問では、Yが、同時履行の抗弁（「Xが売買代金を支払うまでは所有権移転登記・引渡し義務を履行しない」との意思の表明をする抗弁）を提出しているか否かも問題になります。Yは、Xから売買代金の支払を受けていないからです（おそらく、Aが、Xから受領した代金を、Yに渡すことなく横領したものと思われます）。しかし、Yは、この抗弁を提出していないと解されます。この抗弁は、いわゆる権利抗弁であり、上記の意思の表明をすることが必要ですが、Yはこの意思の表明をしていないからです。

6 平成28年司法試験予備試験論文式試験

[法律実務基礎科目(民事)]

第1　事案の概要

Xの言い分

私は、自宅を建設するため、平成27年6月1日、甲土地を、その所有者であったAから、代金1000万円で買い受け、同月30日に代金を支払いました。

ところが、Yが、同年8月上旬頃から、私に無断で甲土地を占有するようになり、現在まで占有を続けています。また、甲土地の登記簿を見ると、A名義であったはずが、同月1日に、同日付け売買を原因としてYの所有権移転登記がされていました。

Yは、Aから甲土地を買ったと主張して、私に対し、この土地を2000万円で買い取るよう求めてきました。Yは、事情を知りながら、甲土地を私に高値で買い取らせる目的で、Aから甲土地を買ったに違いありません。

そこで、私は、Yを被告として、甲土地について、その明渡し及び所有権移転登記を求める訴訟を提起しました。

Yの言い分

私は、平成27年8月1日、甲土地を、その所有者であったAから、代金500万円で買い受け、同日に、その代金を支払い、甲土地の所有権移転登記を経由しました。私は、甲土地を資材置き場として使用しています。

第2　訴訟物

訴訟物	所有権に基づく妨害排除請求権としての所有権移転登記請求権 所有権に基づく妨害排除請求権としての土地明渡請求権
訴訟物の個数	2個
併合形態	単純併合

主文・請求の趣旨

1　被告は、原告に対し、甲土地について、真正な登記名義の回復を原因とする所有権移転登記手続をせよ。
2　被告は、原告に対し、本件土地を明け渡せ。

1　概　要

Xは、所有者として、甲土地を完全に支配できるはずなのに、Yによってそれが侵害されていますから、XのYに対する物権的請求権が発生しています。

物権的請求権は不断に発生していますから、まさに口頭弁論終結日に発生した物権的請求権を訴訟物とします。

2　土地明渡請求

Yは甲土地を占有していますから、Xは、物権的請求権の３類型のうち、返還請求権を行使し、Yに対し、甲土地の返還（＝明渡し）を求めることができます。

3　移転登記請求

Yは、甲土地に所有権移転登記をすることにより、占有以外の態様で、Xによる甲土地の完全支配を妨害していますから、Xは、物権的請求権の３類型のうち、妨害排除請求権を行使し、Yの所有権移転登記の抹消を求めることができます。

Yの所有権移転登記を抹消すると、甲土地はA名義に戻ります。Xは、その後、A・X間の売買を原因として、甲土地に自らの所有権移転登記をすることができるというわけです。もっとも、こういう２度の登記手続をせずに、ダイレクトにYからXへと名義移転ができれば便利です。そこで、この２度の登記手続に代えて、「真正な登記名義の回復」という登記原因によって、YからXへの所有権移転登記をすることが登記実務上認められています。本問のXも、このダイレクトの所有権移転登記を求めているのです。

4　訴訟物の個数・併合形態

訴訟物は以上の２個であり、Xは両方の請求が認容されることを求めていますから、併合形態は単純併合となります。

5　民事保全

本訴訟の係属中に、Yが、甲土地の登記名義を第三者に移転したり、甲土地を第三者に引き渡したりしてしまうリスクは否定できません。そこで、Xは、Yが甲土地の登記名義を第三者に移転しないように甲土地の処分禁止の仮処分をすると共に、Yが甲土地を第三者に引き渡さないように甲土地の占有移転禁止の仮処分をしておく必要があります（本試験の設問1(1)の解答）。

第3　甲土地の明渡請求についての当事者の主張

➡本問の設問では、当事者の主張については、甲土地の明渡請求についてのみ尋ねられていることから、以下は、甲土地の明渡請求のみを対象とし、甲土地の所有権移転登記請求についての説明を省略します。

1　請求原因

	抽象的要件	要件事実
あ	原告の前主の所有	A　H 27.6.1 当時 甲土地所有
い	前主から原告への所有権移転原因	A・X　H 27. 6. 1 甲土地売買 代金 1000 万円
う	被告の占有	Y　甲土地占有

ア　概　要

口頭弁論終結日にまさに発生した返還請求権が訴訟物ですから、その発生要件は「原告の現在の当該物の所有」と「被告の現在の当該物の占有」になりますが、前者は、被告の権利自白の態様によって主張内容が異なります。

イ　Xの現在の所有

本問では、Yが、Aの平成27年6月1日当時の甲土地所有を認めていると解されますから、これが権利自白により確定します。そこで、Xは、同日にAから甲土地を買ったことを主張立証すれば、甲土地の所有権がAからXに移転したことが認められ、請求原因段階では、それが現在まで存続していることになります。

ウ　Yの現在の所有

Yが甲土地を現在占有していることが要件事実になります。

➡本試験の設問1(3)の解答は、「Aは、Xに対し、平成27年6月1日、甲土地を代金1000万円で売った。」と「Yは、甲土地を占有している。」となります。

◇2　抗弁――対抗要件具備による所有権喪失

	抽象的要件	要件事実
カ	前主から被告への所有権 移転原因	A・Y　H 27.8.1 甲土地売買 代金 500 万円
キ	被告による対抗要件具備	Y　H 27.8.1 甲土地につき、（カ）に基づく 所有権移転登記

ア　概　要

Yは、自分もAから甲土地を譲り受けたから、Xとは二重譲渡の譲受人同士の関係にあり、かつ、自分が先に対抗要件を具備したから、甲土地の所有関係は、自分がXに優先すると主張しています。

甲土地の所有関係においてYがXに優先した後は、XのYに対する物権的請求権は発生しません。そこで、この抗弁は、現在におけるXのYに対する物権的請求権の発生を障害するものとして、障害の抗弁となります。

イ　要件事実

要件事実は、①A・Y間で甲土地の売買契約が成立したこと、②この売買契約に基づいてYが甲土地の所有権移転登記をしたこととなります。

◇3　再抗弁――背信的悪意者

	抽象的要件	要件事実等
さ	第二譲受人の悪意	Y　甲土地を買い受けた際 A・X売買を知っていた
し	第二譲受人の背信性	Y　Xに甲土地を高値で買い取らせる 目的で甲土地購入

ア　概　要

二重譲受人の優劣は、先に対抗要件を具備した者が優先するのが原則ですが、その者が背信的悪意者であれば、相手方の対抗要件の欠缺を主張する正当な利益を有しません（最三小判昭和40年12月21日民集19巻9号2221頁）から、相手方に優先し得ないことになります。

そこで、Yが背信的悪意者であることが再抗弁になります。

➡上記2の抗弁は、Yの優先性により、XのYに対する物権的請求権の発生を障害するものですが、本再抗弁は、そのYの優先性を否定することで、上記抗弁による法律効

果の発生を障害するものです。

イ　規範的要件性

「背信的悪意」は、「悪意」と「背信性」に分けることができます。

➡本試験の設問３の解答は、この前者である「Ｙは、本件第２契約の際、本件第１契約の成立を知っていた。」となります。

「背信性」は、いわゆる規範的要件ですから、Ｘがその評価根拠事実を、Ｙがその評価障害事実を、それぞれ立証し、これらを総合して、裁判所が、Ｙの「背信性」の有無を判断することになります。

➡もっとも、本問では、背信性の評価根拠事実として、「Ｙは、Ｘに甲土地を高値で買い取らせる目的で、甲土地を購入した」という事実が主張されるにとどまり、また、評価障害事実の主張はされていません。

➡なお、Ｙが悪意であったことは、それをＡから聞いたとするＸの供述がその証拠となります。Ａからの伝聞であることも考慮すると、この供述を直ちに信用することはできませんが、他方で、このＸの供述は、客観証拠である念書によって裏付けられている部分もあります。また、現在、Ａとは連絡が取れなくなっており、Ａ自身の尋問ができないため、Ａから話を聞いたＸの供述によるしかありません。さらに、甲土地の価格は1000万円程度であるのに、500万円という不自然な低価格で売買が成立していることからも、Ａが事情を話した上でＹに甲土地を売却していることが推認されます。

上記念書は、背信性（Ｘに甲土地を高値で買い取らせる目的の存在）の証拠にもなります。Ｙは、甲土地を資材置場として使用しているなどと言いながら、実際には、甲土地を占有するために資材を置いているにすぎない状況にあり、自己使用の必要のない転売目的の購入であることがうかがわれます。また、Ｙが、甲土地上に、意味もなく資材を置いているのは、Ｘによる甲土地の使用を妨害するためであり、この資材の撤去や登記の抹消と引き換えに、Ｘから多額の金員を得ようとする狙いもうかがわれます（本試験の設問４の解答）。

7 平成29年司法試験予備試験論文式試験
［法律実務基礎科目（民事）］

第1　事案の概要

Xの言い分

私は、Bから、平成28年5月1日、本件壺を買いました。Bの話によると、Bは、この壺を平成27年3月5日にAから100万円で買い、引渡しを受けたそうです。

私は、売買の当日（平成28年5月1日）、Bに、代金150万円を支払いましたが、電車で来ていたので、壺はBに預かってもらい、後日引き取りに行くことにしました。

ところが、後日、壺を引き取りに行ったところ、Bは、これをYに売ってしまったから、自分の所にはないと言うのです。そこで、次に、Yの所に行くと、本件壺はありましたが、Yは、それを私に引き渡してくれません。

そこで、私は、Yを被告として、本件壺の引渡しを求める訴訟を提起しました。

Yの言い分

私は、平成28年5月15日、本件壺を、その所有者であったAから、代金150万円で買い受け、同日に、その代金を支払い、Aと一緒にB方に行き、Aから本件壺の引渡しを受けました。

第2　訴訟物

訴訟物	所有権に基づく返還請求権としての動産引渡請求権

主文・請求の趣旨

被告は、原告に対し、本件壺を引き渡せ。

◎1　概要

Xは、所有者として、本件壺を完全に支配できるはずなのに、Yによってそれが侵害されていますから、XのYに対する物権的請求権が発生しています。

物権的請求権は不断に発生していますから、まさに口頭弁論終結日に発生した物権的請求権を訴訟物とします。

Ｙは本件壺を占有していますから、Ｘは、物権的請求権の３類型のうち、返還請求権を行使し、Ｙに対し、本件壺の返還（＝引渡し）を求めることができます。

したがって、本件訴訟の訴訟物は「所有権に基づく返還請求権としての動産引渡請求権」となります（本試験の設問１(2)の解答）。

2　民事保全

本訴訟の係属中に、Ｙが、本件壺を第三者に引き渡してしまうリスクは否定できません。そこで、Ｙが本件壺を第三者に引き渡さないように本件壺の占有移転禁止の仮処分をしておく必要があります（本試験の設問１(1)の解答）。

第3　当事者の主張

1　請求原因（本試験の設問１(3)の解答）

	抽象的要件	要件事実
あ	原告の前々主の所有	A　H 27.3.5 当時 本件壺所有
い	前々主から前主への所有権 移転原因	A・B　H 27.3.5 本件壺売買 代金 100 万円
う	前主から原告への所有権 移転原因	B・X　H 28.5.1 本件壺売買 代金 150 万円
え	被告の占有	Y　本件壺占有

ア　概　要

口頭弁論終結日にまさに発生した返還請求権が訴訟物ですから、その発生要件は「原告の現在の当該物の所有」と「被告の現在の当該物の占有」になりますが、前者は、被告の権利自白の態様によって主張内容が異なります。

イ　Ｘの現在の所有

本問では、Ｙが、Ａの平成27年３月５日当時の本件壺所有を認めていると解されますから、これが権利自白により確定します。そこで、Ｘは、同日にＡがＢに本件壺を売ったことと、平成28年５月１日にＢがＸに本件壺を売ったことを主張立証すれば、本件壺の所有権がＡ→Ｂ→Ｘと移転したことが認められ、請求原因段階では、Ｘの所有権が現在まで存続していることになります。

ウ　Ｙの現在の占有

Ｙが本件壺を現在占有していることが要件事実になります。

◘2　別の請求原因の可能性――即時取得

	抽象的要件	要件事実
カ	前主との取引行為	Ｂ・Ｘ　Ｈ 28.5.15 本件壺売買 代金 150 万円
キ	(カ) による占有の開始	Ｂ→Ｘ　Ｈ 28.5.15 (カ) に基づく本件壺の引渡し
ク	被告の占有	Ｙ　本件壺占有

ア　概　要

Ｘは、Ｂとの取引行為によって動産である本件壺を取得しています。そこで、Ｘは、本件壺を即時取得したとの主張ができないか検討してみたようです。

イ　要件事実

即時取得の要件事実は、取引行為により占有を開始したこと（＝取引行為をし、その目的物の引渡しを受けたこと）です（第３章「２　所有権に基づく動産引渡請求」３参照）。具体的には、①Ｂ・Ｘ間で本件壺の売買契約が成立したこと、②この売買契約に基づいてＸがＢから本件壺の引渡しを受けたことです。

ウ　即時取得にいう「引渡し」

本問で、Ｘは、Ｂから、本件壺の「現実の引渡し」は受けておらず、「占有改定」（＝Ｂに壺を預かってもらった）により占有を取得したにとどまりますが、その場合、即時取得は成立しないとするのが判例（最二小判昭和 32 年 12 月 27 日民集 11 巻 14 号 2485 頁、最一小判昭和 35 年 2 月 11 日民集 14 巻 2 号 168 頁）です。

そこで、Ｘは、即時取得の主張をすることを断念したようです。

3 抗弁——所有権喪失

	抽象的要件	要件事実
さ	前主との取引行為	A・Y H 28.5.15 本件壺売買 代金 150 万円
し	(さ) による占有の開始	A→Y H 28.5.15 (さ) に基づく本件壺の引渡し

ア 概 要

Xが本件壺の所有権を取得しても、その後、Yが、本件壺の所有権を即時取得すれば、これによりXは本件壺の所有権を喪失します。

Xが所有権を喪失すれば、訴訟物であるXの現在の所有権に基づく返還請求権は発生しませんから、本抗弁は発生障害の抗弁となります。

イ 要件事実

即時取得の要件事実は、上記2イのとおり、取引行為により占有を開始したこと(=取引行為をし、その目的物の引渡しを受けたこと)であり、具体的には、①A・Y間で本件壺の売買契約が成立したこと、②この売買契約に基づいてYがAから本件壺の引渡しを受けたことです。

4 別の抗弁の可能性——対抗要件具備による所有権喪失の抗弁

	抽象的要件	要件事実
タ	前主から被告への所有権 移転原因	A・Y H 28.5.15 本件壺売買 代金 150 万円
チ	被告による対抗要件具備	A→Y H 28.5.15 (タ) に基づく本件壺の引渡し

ア 概 要

Yは、自分もAから本件壺を譲り受けたから、Bとは二重譲渡の譲受人同士の関係にあり、かつ、自分が対抗要件を具備したから、本件壺の所有関係は、自分がXに優先するとの主張ができないか検討したようです。

➡動産の場合の対抗要件は引渡しです(民 178 条)。

本件壺の所有関係においてYがBに優先していれば、XのYに対する物権的請求権は発生しません。そこで、この抗弁は、現在におけるXのYに対する物権的請求権の発生を障害するものとして、障害の抗弁となります。

イ　要件事実

要件事実は、①A・Y間で本件壺の売買契約が成立したこと、②この売買契約に基づいてYがAから本件壺の引渡しを受けたことになります。

ウ　再抗弁

ところが、本問では、実は、YがAから引渡しを受けるより前に、BもAから引渡しを受けています。

したがって、本問では、Bも対抗要件を具備したことになりますが、そのことは、上記抗弁に対する再抗弁に当たると考えられています。

➡上記抗弁は、Yの優先性により、XのYに対する物権的請求権の発生が障害されるとしていたものですが、本再抗弁は、そのYの優先性を否定することで、上記抗弁による法律効果の発生を障害するものです。

このように、本問では、対抗要件具備による所有権喪失の抗弁を提出したとしても、これに対して、上記再抗弁が提出されるだけです。

そこで、Yは、上記抗弁の提出を断念したようです。

◘5　XのBに対する代金の支払の有無

➡本問では、XがBに本件壺の代金150万円を支払ったかどうかも問題になっているようです。

　Bの記名押印のある領収証はありますが、Bはこれが偽造されたものであると主張しています。またBの押印は三文判によるもので、この三文判がBの印鑑である証拠もありません。そうすると、この領収証は、Bが作成したものであるとの推定（民訴228条4項）がされず、また、他に、これをBが作成したと認める証拠もありませんから、Bが作成したものと認めることはできず、形式的証拠力が否定されます（本試験の設問3⑴の解答）。

　XのBに対する代金の支払を確認させる間接事実としては、代金を支払ったとされる平成28年5月1日に、Xが、その預金口座から150万円を引き出したこと（預金の取引履歴により客観的に証明することができる）、Bが、その翌日に、Aに借金200万円を返済しているが、ここにはXから受領した現金150万円が含まれていると考えられることなどがあります。なお、Bは、Aへの借金の返済の原資は、親のタンス預金であると供述しているようですが、200万円ものタンス預金をしていることは通常はないため、この供述は直ちに信用することはできないというべきです。

8 平成30年司法試験予備試験論文式試験

[法律実務基礎科目(民事)]

第1　事案の概要

Xの言い分

私は、平成27年9月15日、友人であるYに100万円を貸しました。その際、Yは、『100万円借り受けました。平成28年9月30日までに必ず返済します。』と書いた借用証書を準備しており、これを私に渡し、私も、その内容を了解して、Yに現金100万円を渡しました。なお、友人同士でもあり、利息を支払ってもらう話は出ませんでした。ところが、返済期限が過ぎても、Yは一向に返済しません。私は、直ちに100万円を返してほしいですし、返済が遅れたことについての損害金も全て支払ってほしいです。

Yは、現在、顧客であるAに対して80万円の売買代金債権を持っているものの、それ以外にめぼしい資産はないようです。

Yの言い分

私は、確かに、Xが言うとおり、Xから100万円を借りましたが、平成28年9月30日に全額返済しています。

また、私は、Xに対し、平成24年10月1日、カメラを8万円で売り、同日、そのカメラを引き渡しました。そのため、私は、Xに対し、少なくとも8万円分を支払う必要はないと思います。

第2　訴訟物

訴訟物（本試験の設問1(2)の解答）	消費貸借契約に基づく貸金返還請求権 履行遅滞に基づく損害賠償請求権
訴訟物の個数	2個

主文・請求の趣旨（本試験の設問1(3)の解答）

被告は、原告に対し、100万円及びこれに対する平成28年10月1日から支払済みまで年3％の割合による金員を支払え。

◆1　概要

消費貸借契約に基づく貸金返還請求訴訟の事例です。

本問は、司法試験予備試験論文式試験法律実務基礎科目で初めて附帯請求について尋ねられた問題であり、以後、予備試験においても附帯請求を押さえておく必要があるということで受験生の認識は一致しています。

◆2　附帯請求

⑴　附帯請求とは、本問の履行遅滞に基づく損害賠償請求のように、利息・遅延損害金等を、その発生原因をなす債務に係る請求（本問でいえば貸金返還請求）と同一の訴えで請求する場合をいいます（民訴９条２項参照）。

⑵　遅延損害金の利率は、その約定がない場合は年３％となります（民419条１項・404条２項）。

⑶　本問の訴訟物の個数は、主請求（＝貸金返還請求）と附帯請求があることから、２個となります。

◆3　民事保全

Ｙは、Ａに対する売買代金請求権を有している以外には、めぼしい資産がないというのですから、この債権の仮差押えをしておく必要があります。これをしなければ、Ｙは、この債権を第三者に譲渡するなどして処分してしまうかもしれませんし、また、Ａは、Ｙに対して弁済をしてしまうかもしれないからです（本試験の設問１⑴の解答）。

第3　当事者の主張

◆1　主請求の請求原因

	抽象的要件	要件事実
あ	金員の返還約束	X・Y　H 27.9.15 100万円返還合意
い	金銭の交付	X→Y　H 27.9.15 100万円交付
う	返還時期の合意	X・Y　H 27.9.15 (あ) の際、返還時期をH 28.9.30とする合意
え	返還時期の到来	H 28.9.30　到来

➡附帯請求の請求原因の抽象的要件は、主請求の抽象的要件に加えて、①返還時期の経過、②その後の遅延損害金の発生期間の経過ですが、②は主張を省略するのが通例ですので、①の要件事実として、平成28年9月30日の経過を主張すれば足ります。

ア　抽象的要件

貸金返還請求の請求原因の抽象的要件は、司法研修所説に従うと、①消費貸借契約の成立、②当該消費貸借契約において返還時期の合意がされたこと、③当該返済時期が到来したこととなります。

①は、消費貸借の冒頭規定である民法587条によると、「金員の返還約束」及び「金員の交付」が契約の成立要件となります。

イ　要件事実

上記抽象的要件に該当する要件事実は次のようになります（本試験の設問1(4)の解答）。

①　平成27年9月15日に、X・Y間で、100万円の返還合意がされ、XがYに100万円を交付したこと

②　①において返還時期を平成28年9月30日と合意したこと

③　平成28年9月30日が到来したこと

2　抗弁――弁済

	抽象的要件	要件事実
カ	当該債務の本旨に従った給付	Y→X　H 28. 9.30 100万円　支払
キ	(カ) が当該債務の履行であること	(カ) は当該貸金返還債務の履行

ア　抽象的要件

弁済の抗弁においては、①当該債務の本旨に従った給付がされたことに加え、②①が当該債務の履行としてされたことの主張も必要であるとされています。

イ　要件事実

上記抽象的要件に該当する要件事実は次のようになります。

①　Yが、Xに、平成28年9月30日、100万円を交付したこと

②　①が当該貸金返還債務の履行としてされたこと

➡これらをまとめると、「Yは、Xに対し、平成28年9月30日、当該貸金返還債務の履行として、100万円を支払った。」などとなります（本試験の設問2(1)の解答）。

➡なお、本試験の問題文によると、Ｙは、Ｘから受領した領収証を証拠として提出することができずにいます。しかし、それは、１年以上も前に受領した領収証を、その後に転居した際に紛失したからのようです。他方、Ｙが平成28年９月30日に自らの預金から100万円を引き出したことが証拠から認められることからすると、上記①の事実は認められる可能性もありそうです（本試験の設問４）。

3　抗弁――相殺

	抽象的要件	要件事実
サ	自働債権の発生原因	Ｙ・Ｘ　Ｈ24.10.1 カメラ　売買 代金８万円
シ	反対債務の履行	Ｙ→Ｘ　Ｈ24.10.1 カメラ　引渡し
ス	相殺の意思表示	Ｙ→Ｘ　Ｈ30．2．2 （サ）の代金支払請求権と（あ）（い）の貸金債権とを相殺

ア　概　要

⑴　Ｙは、弁済の抗弁が認められないことを慮って、相殺の抗弁を提出しています。

➡当事者には抗弁の判断順序の指定権はないため、裁判所は、弁済の抗弁より先に相殺の抗弁を判断しても違法ではありません。しかし、相殺の抗弁は自働債権の犠牲を伴うものであるため、その余の抗弁を全て排斥した後にその成否の判断がされるのが通例です。

⑵　相殺が認められても訴訟物たる貸金返還請求権のうち８万円が消滅するだけですから、これは一部抗弁です。

イ　抽象的要件

相殺の自働債権は、カメラを目的とする売買の代金支払請求権であり、その発生原因が要件事実となりますが、同請求権は売買契約が成立すれば直ちに発生しますから、その発生原因としては売買契約の成立を主張すれば足ります。

また、自働債権に抗弁権が付着したままでは相殺ができません（民505条１項ただし書）から、自働債権に付着している同時履行の抗弁権を覆滅させておく必要があります（大判昭和13年３月１日民集17巻318頁）。そこで、そのために、反対債務の履行又はその提供をしたこと、すなわち、当該売買の目的物であるカメラの引渡し又はその提供がされたことも要件事実となります。

さらに、相殺の意思表示も必要です。訴訟上の相殺であっても、その意思表示は相手方当事者に対してするものと考えられています。

ウ　要件事実

上記抽象的要件に該当する要件事実は次のようになります。

①　Ｙが、Ｘに対し、平成24年10月１日、カメラを代金８万円で売ったこと

②　Ｙが、Ｘに対し、平成24年10月１日、上記カメラを引き渡したこと

③　Ｙが、Ｘに対し、平成30年２月２日、上記①の代金支払請求権と本件貸金債権とを対当額で相殺する意思表示をしたこと（本試験の設問２⑵の解答）

エ　消滅時効の再抗弁の成否

自働債権である代金支払請求権は、売買契約の成立日から５年後である平成29年10月１日の経過により、消滅時効が完成している可能性があります（民166条１項１号参照）が、仮にそうであったとしても、その前である平成28年９月30日に相殺適状になっていますから、この債権を自働債権とする相殺をすることができます（民508条）。したがって、自働債権の時効消滅は再抗弁となり得ません（本試験の設問３の解答）。

9 平成31年司法試験予備試験論文式試験

［法律実務基礎科目（民事）］

第1　事案の概要

Xの言い分

Aは、Bに対し、平成29年9月1日、弁済期を平成30年6月15日、無利息で損害金を年10％として、200万円を貸し付けました。AとBは、平成29年9月1日、上記の内容があらかじめ記載されている「金銭借用証書」との題の書面に、それぞれ署名・押印をしました（以下「本件借用証書」といいます。）。本件借用証書には、「Yが、BのAからの上記の借入れにつき、Aに対し、Bと連帯して保証する。」旨の文言も記載されていました。AがBから聞いたところによると、Yは、Bのいとこであり、あらかじめ、本件借用証書の「連帯保証人」欄に署名・押印をしてBに渡しており、平成29年9月1日に上記の借入れにつき、Bと連帯して保証したとのことです。Aは、Yの保証意思を確認するため、同年8月下旬、Yの自宅に、確認のための電話をしたところ、Y本人とは話をすることができませんでしたが、電話に出たYの母親に保証の件について説明したら、『Yからそのような話を聞いている。』と言われたとのことです。

ところが、弁済期である平成30年6月15日を過ぎても、BもYも、Aに何ら支払をしません。

私は、平成31年1月9日、この200万円の貸金債権とこれに関する遅延損害金債権を、代金200万円で、Aから買い受けました。Aは、Bに対し、私にこれらの債権を売ったことを記載した内容証明郵便（平成31年1月11日付け）を送り、同郵便は同月15日にBに届いたとのことです。私は、貸金の元金だけでなく、その返済が遅れたことについての損害金全てにつき、Yから回収したいと考えています。

なお、Yは甲土地を有していますが、それ以外にめぼしい財産はありません。

Yの言い分

私は、Bの債務を保証していません。私は、本件借用証書の「連帯保証人」欄に氏名を書いていませんし、誰かに指示して書かせたこともありません。同欄に押されている印は、私が持っている実印によるものですが、私の家に泊まりに来たBが、私の実印を見つけ出し、勝手に押したものであり、私が押したり、また、誰かに指示して押させたりしたこともありません。

Bによると、この200万円の借入れの際、AとBは、AのBに対する債権をAは他の者には譲渡しないと約束し、Xも、債権譲受時に、そのような約束があったことを知っていたとのことです。

また、Bは、乙絵画を所有していたのですが、平成31年3月1日、乙絵画をXの自宅に持っていって、Xに譲り渡したとのことです。Bは、200万円の借入れとその損害金の支払に代えて、乙絵画を譲り渡したに違いありません。

第2　訴訟物

訴訟物	A・Y間の保証契約に基づく保証債務履行請求権（本試験の設問1⑴の解答）
訴訟物の個数	1個

主文・請求の趣旨（本試験の設問1⑵の解答）

被告は、原告に対し、200万円及びこれに対する平成30年6月16日から支払済みまで年10%の割合による金員を支払え。

1　概要

Xは、保証人であるYに対し、保証債務の履行を請求しています。

主債務は、貸金返還債務と、その履行遅滞に基づく損害賠償債務の2つですが、保証人は、これらの債務を1つの保証債務で保証しています（民447条1項）から、訴訟物の個数は1個になります。

2　訴訟物の表記

本問では、原告が保証契約の当事者ではありませんから、訴訟物を表記する際に、契約当事者が誰であるかを明らかにします。

3　民事執行

Yは、甲土地を所有している以外には、めぼしい財産がないようですから、Xは、本訴訟の確定勝訴判決を得た後は、それに執行文を付与した上、甲土地を目的とする強制競売の申立てをする必要があります（本試験の設問1⑷の解答）。

第3　当事者の主張

◆1　主請求の請求原因

	抽象的要件	要件事実
あ	金銭の返還約束	A・B　H 29.9.1 200 万円返還合意
い	金銭の交付	A→B　H 29.9.1 200 万円交付
う	返還時期の合意	A・B　H 29.9.1 (あ)の際、返還時期をH 30.6.15 とする合意
え	保証の合意	A・Y　H 29.9.1 (あ) (い) の貸金債務を保証
お	保証の合意の書面性	(え) は書面による
か	返還時期の到来	H 30.6.15 到来
き	債権の譲渡原因 (債権の売買)	A・X　H 31.1.9 (あ) (い) の貸金債権売買 代金　200 万円

➡**附帯請求の請求原因は、主請求の請求原因に加えて、①返還時期の経過、②損害額を年 10%の利率とする合意、③遅延損害金の発生期間ですが、③については、主張を主略するのが通例であるため、①②に係る要件事実として、平成30年6月15日の経過と、(あ)の際に遅延損害金の利率を 10%とする合意をしたことを主張すれば足ります。**

➡**本試験の問題文中にある「貸し付けた」とは、(あ)と(い)の両方を含んだものです。**

ア　概　要

保証と債権譲渡が組み合わされているため複雑な構成になっています。

まずは、AのYに対する保証債務履行請求権が発生し、その後、主債務に係る債権がAからXに譲渡されたことで、その随伴性により、XのYに対する保証債務履行請求権が発生したものです。

イ　抽象的要件

a　AのYに対する保証債務履行請求権の発生原因

保証債務履行請求権は、保証契約の成立によって発生しますが、保証契約は書面でされたことが成立要件とされているため、①保証の合意がされたことに加え、②書面性(保証の合意が書面によってされたこと)も必要となります。また、主債務が存在しなければ、保証債務も存在し得ません(成立の付従性)から、主債務の存在(＝主債務の発生原因)も必要です。

b　主債務の発生原因

本問の主債務は貸金返還債務とその遅延損害金債務です。このうち、貸金返還債務の発生原因は、司法研修所説に従うと、①消費貸借契約の成立、②当該消費貸借契約において返還時期の合意がされたこと、③当該返還時期が到来したこととなります。

①は、消費貸借の冒頭規定である民法587条によると、「金員の返還約束」及び「金員の交付」が消費貸借契約の成立要件となります。

c　債権譲渡

Ｘは、Ａから、貸金債権を譲り受けていますが、これにより、保証債権もＡからＸに移転します。これを随伴性といいます。

ウ　要件事実

上記抽象的要件に該当する要件事実は次のようになります（本試験の設問1(3)の解答）。

①　Ａ・Ｂ間で、平成29年9月1日、200万円の返還合意がされ、ＡがＢに200万円を交付したこと

②　①において返還時期を平成30年6月15日と定めたこと

③　Ｙが、Ａに対し、平成29年9月1日、①の貸金債務を保証したこと

➡なお、本件借用証書には、Ｙの実印による押印があることから、同書面のＹ作成部分の成立の真正が推定されます。ＡがＹの母からＹの保証意思を確認していることも考慮すると、いとこであるＢがＹの家に泊まったというだけでは、この推定が覆滅したとまではいえません。そうすると、同書面により③の事実が認められそうです（本試験の設問4）。

④　③が書面によること

⑤　②の返還時期である平成30年6月15日が到来したこと

⑥　Ａが、Ｘに対し、平成31年1月9日、①の貸金債権を200万円で売ったこと

◇2　抗弁――譲渡制限の意思表示につき悪意

ア　概　要

本問の貸金債権には、譲渡制限の意思表示がされており、しかも、同債権の譲受人であるＸは、それを知っていたというのです。

譲渡制限の意思表示のある債権であっても譲渡することはできます（民466条2項）が、債務者は、悪意の譲受人に対し、債務の履行を拒絶することができます（民466条3項）。

この履行拒絶の主張は、請求権の存在は認めながら、その行使を阻止するというものですから、阻止の抗弁となります。また、履行を拒絶するとの意思の表明が必要である権利抗弁であると考えられています。

そして、保証人は、主債務の阻止事由を抗弁とすることができます（民457条2項）から、主債務者であるBのみならず、保証人であるYも、上記抗弁を提出することができます（本試験の設問2(1)の解答）。

イ　抽象的要件及び要件事実

当該債権に譲渡制限の意思表示がされ、そのことを債権譲受人が知っていたことのみならず、この抗弁を行使するとの意思の表明も必要ですから、これらの抽象的要件に該当する要件事実は次のようになります。

①　AとBが、平成29年9月1日、消費貸借契約締結の際に、当該貸金債権の譲渡を禁止するとの合意をしたこと
②　Xが、上記貸金債権を譲り受けた際に、上記合意を知っていたこと
③　本件保証債務の履行を拒絶するとの意思の表明

◆3　抗弁――代物弁済

ア　概　要

主債務が代物弁済により消滅したとの主張です。保証人は、主債務の消滅事由を抗弁とすることができます（民457条2項）から、保証人であるYも、この抗弁を提出することができます。

イ　抽象的要件

代物弁済契約とは、本来の給付に代えて、他の給付をすることにより、当該債務を消滅させる契約をすることです（民482条）。本問では、動産である絵画の所有権を移転することが「他の給付」です。そのため、代物弁済契約時に債務者が当該動産を所有していたことが要件となります。

代物弁済契約をしただけでは、債務は消滅せず、実際に「他の給付」をして初めて、債務が消滅します（民482条）。代物が動産である場合、当該代物の引渡しをして初めて、「他の給付」をしたということができます（本試験の設問2(3)の解答）。

ウ　要件事実

以上の抽象的要件に該当する要件事実は次のようになります。

①　Bは、平成31年3月1日、乙絵画を所有していたこと（本試験の設問2(2)の解答）

② BとXは、同日、本件貸金返還債務及び遅延損害金債務の弁済に代えて、乙絵画の所有権を移転するとの合意をしたこと
③ Bは、同日、Xに対し、乙絵画を引き渡したこと

◘4 債務者対抗要件の抗弁の成否

AからXへの債権譲渡は、保証債務者Yに対し通知されていませんから、Yがいわゆる債務者対抗要件の抗弁を提出することができるかも問題になります。しかし、上記債権譲渡は主債務者Bには通知されています。債務者について対抗要件が具備されれば、その債務を主債務とする保証債務についても、当然に対抗要件が具備されたと解されています（大判明治39年3月3日民録12輯435頁、大判大正元年12月27日民録18輯1114頁）から、Yについても対抗要件は具備されています。したがって、債務者対抗要件の抗弁は、提出しても、対抗要件具備の再抗弁で返されてしまうだけです（本試験の設問3の解答）。

10 令和２年司法試験予備試験論文式試験

［法律実務基礎科目（民事）］

第１　事案の概要

Ｘの言い分

私は、令和２年５月１日、Ａから、甲土地を買いました。代金は500万円、売買代金の支払時期及び所有権移転登記の時期をいずれも同月20日とし、代金の完済時に所有権が移転するとの約定とし、同月20日に売買代金を支払いました。なお、所有権移転登記については、私の兄のＢの名義で所有権移転登記を経由することにしました。

ところが、私が、令和７年７月上旬頃、甲土地の登記事項証明書を取り寄せてみたところ、原因を令和２年８月１日金銭消費貸借同日設定、債権額を600万円、債務者をＢ、抵当権者をＹとする抵当権設定登記（以下「本件抵当権設定登記」といいます）がされていることが判明しました。

そこで、私は、Ｙに対し、本件抵当権設定登記の抹消手続を求めたいと考え、令和８年１月15日、Ｙを被告とする訴訟を提起しました。

なお、ＹのＢに対する貸金債権は、既に消滅時効が完成していますから、私は、この時効の援用もしたいと思います。

Ｙの言い分

Ａが令和２年５月１日に甲土地の所有者であったことは認めます。

私は、令和２年８月１日、Ｂに対し、返済期限を同年12月１日、無利息で600万円を貸し付け、同年８月１日、Ｂとの間で、この貸金債権を被担保債権として、甲土地に抵当権を設定するとの合意をしました。ところが、Ｂは、令和４年12月１日に100万円を返済し、令和７年12月25日に200万円を返済したのみで、それ以外の返済をしません。

Ｂは、上記貸付けの際、甲土地の登記事項証明書を持参していましたが、それにはＢが所有名義人と記載されていましたので、私は、Ｂが甲土地の所有者であると信じて、上記貸付けをし、抵当権の設定を受けたのです。仮にＸが甲土地の買主であったとしても、Ｘの意思でＢ名義の所有権移転登記がされたことは明らかですので、今回の責任はＸにあることになります。

第2　訴訟物

訴訟物（本試験の設問1(1)の解答）	所有権に基づく妨害排除請求権としての抵当権設定登記抹消請求権
訴訟物の個数	1個

主文・請求の趣旨（本試験の設問1(2)の解答）

被告は、別紙登記目録記載の抵当権設定登記の抹消手続をせよ。

1　概要

Xが所有する甲土地には、Y名義の抵当権設定登記があることで、占有以外の態様で、Xによる甲土地の完全支配が妨害されていますから、Xは、物権的請求権の3類型のうち、妨害排除請求権を行使し、Yに対し、上記登記の抹消を求めることができます。

2　仮執行宣言の申立ての要否

意思表示を命ずる判決は、その確定時に、当該意思表示がされたものと擬制します（民執177条1項）から、確定前に、仮に判決を執行するということを観念することはできません。そこで、登記手続をするとの意思表示を命ずる判決には仮執行宣言（民訴259条1項）を付することはできないというのが判例（最判昭和41年6月2日裁判集民83号675頁）です。

したがって、原告としても、訴状において、仮執行宣言の申立てをする必要はありません（本試験の設問1(3)の解答）。

第3　当事者の主張

1　請求原因

抽象的要件	要件事実
原告の前主の土地所有	A　R2.5.1　甲土地所有
前主と原告との売買契約の成立	A・X　R2.5.1 甲土地　売買 代金　500万円
被告が占有以外の態様で所有権を侵害	甲土地にY名義の抵当権設定登記

ア　概　要

口頭弁論終結日にまさに発生した妨害排除請求権が訴訟物ですから、その発生要件は「原告の現在の当該不動産の所有」と「現在の被告名義の登記」になりますが、前者は、被告の権利自白の態様によって主張内容が異なります。

イ　Ｘの所有

本問では、Ｙが、Ａの令和２年５月１日当時の甲土地所有を認めていますから、これが権利自白により確定します。そこで、Ｘは、同日にＡから甲土地を買ったことを主張立証すれば、甲土地の所有権がＡからＸに移転したことが認められ、請求原因段階では、それが現在まで存続していることになります。

ウ　Ｙ名義の登記

甲土地にＹ名義の抵当権設定登記が現在あることが要件事実になります。

➡本試験設問１⑷の解答は、「Ａは、Ｘに対し、令和２年５月１日、甲土地を500万円で売った。」と「甲土地について、Ｙを抵当権者とする別紙登記目録記載の抵当権設定登記がなされている。」となります。

◎2　抗弁――登記保持権原

ア　概　要

Ｙは、当該抵当権設定登記が有効であることを抗弁とすることができます。

この抗弁の中では、Ｙを抵当権者とする抵当権設定契約が成立したことも要件事実となります。この契約を締結する際には、抵当権の設定者が当該不動産を所有していなければなりませんが、抵当権の設定者であるＢは、甲土地の所有者ではありませんでした。そこで、Ｙを救済するための法理として、民法94条２項類推適用というものが必要となります。

イ　抽象的要件

抵当権設定登記が有効であるためには、実体的有効要件と手続的有効要件を具備しなければなりませんが、後者については、本問では、有効であることに争いがありませんから、その主張を省略することができます（あるいは、本試験の設問２⑵のように、抽象的に、「当該登記は、抵当権設定契約に基づく」などと主張しておけば足ります）。

抵当権設定登記の実体的有効要件としては、①被担保債権の発生原因（本試験の設問２⑵(ii)）、②①を被担保債権とする抵当権設定契約が成立したこと、③②の際に当該不動産が設定者の所有に属したことが必要です。本問では、このうち①と②は充足していますが、③を充足していません。抵当権設定者であるBは、甲土地の所有者ではないからです。

➡そのため、本試験の設問2⑴の抗弁を提出することはできません。

しかし、Yは、甲土地の所有名義がBであったことから、Bが甲土地の所有者であると信じて、抵当権の設定契約をしたものです。しかも、甲土地をB名義にしたのは、真の所有者であるXです。このような場合、XよりもYを保護すべきであり、そのための理論として民法94条2項類推適用というものがあります。

これは、④Bが甲土地の所有者であるかのような外観（＝B名義の所有権移転登記）があり、⑤真の権利者であるXが、この概観の作出につき帰責性がある場合、⑥この概観を真実と信じて、Bから甲土地の抵当権の設定を受けたYには、民法94条2項が類推適用され、Xは、この概観が虚偽であることをYに対抗することができないというものです（その結果、Xを所有者、Yを抵当権者とする抵当権が発生します）。

この理論に従うと、③を充足せずとも、④～⑥を充足すれば、抵当権設定登記の実体的有効要件が具備されるというわけです。

ウ　要件事実

以上の抽象的要件に該当する要件事実は次のようになります（本試験の設問2⑵(i)の解答）。

①　Yが、令和2年8月1日、Bに対し、600万円を貸し付けたこと

②　YとBが、同日、①の貸金債権を被担保債権として、甲土地に、Yの抵当権を設定する合意をしたこと

④　②の当時、甲土地には、B名義の所有権移転登記があったこと

⑤　④は、（真の所有者である）Xの意思に基づくものであったこと

➡⑤の中の「Xが真の所有者であること」は、請求原因において明らかになっています。

⑥　Yは、②の当時、甲土地がBの所有に属すると信じていたこと

◘3　再抗弁――消滅時効

抵当権の被担保債権である貸金債権が時効消滅したとの主張です。物上保証人であるXは、独自の時効の援用権を有しています（民法145条の「時効によって直接に利益を受ける者」）。

この貸金債権の弁済期である令和2年12月1日から5年が経過した日である令和7年12月1日に消滅時効が完成したことになります（民166条1項

１号)。

そこで、要件事実は次のようになります。

① Ｂ・Ｙが、当該貸金債権の弁済期を令和２年12月１日とする合意をしたこと
② 令和７年12月１日が経過したこと
③ Ｘが、Ｙに対し、上記時効を援用するとの意思表示をしたこと

◇４　再々抗弁――時効の更新

ア　概　要

Ｂは、令和４年12月１日、Ｙに対し、貸金債務の一部として100万円を弁済していますが、これは、貸金債務を承認したことにほかなりません。そこで、これにより、Ｂとの関係で、時効が更新されたことになります（民152条１項）。

そして、主債務者について時効が更新されると、物上保証人との関係でも主債務の時効が更新するとされています（最二小判平成７年３月10日裁判集民174号811頁）から、Ｙは、このことをＸに対しても主張できることになります（本試験の設問３⑴の解答）。

イ　要件事実

したがって、本再々抗弁の要件事実は、「Ｂが、令和４年12月１日、Ｙに対し、貸金債務の弁済として100万円を交付したこと」となります。

◇５　時効援用権の喪失の再々抗弁の成否

Ｂは、貸金債権の消滅時効が完成した後である令和７年12月25日に、Ｙに対し、貸金債務の一部として200万円を弁済していますが、これは、貸金債務を承認したことにほかなりません。そこで、これにより、Ｂは、時効の援用権を喪失します（最大判昭和41年４月20日民集20巻４号702頁）。

しかし、時効の援用権の喪失の効果は相対的であり、他の者には影響しません（大阪高判平成７年７月５日判タ897号116頁）。したがって、この債務の承認によっても、物上保証人であるＸの時効援用権は喪失しませんから、このことは本問においては再々抗弁になりません（本試験の設問３⑵の解答）。

11 令和3年司法試験予備試験論文式試験

[法律実務基礎科目(民事)]

第1　事案の概要

Xの言い分

私は、令和2年6月15日、娘の夫であるYに対し、私が所有する甲建物を賃貸しました。賃貸期間は同年7月1日から3年間、賃料は月額10万円とし毎月末日限り当月分を支払う、敷金は30万円との約定とし、その旨の契約書（本件契約書といいます）を作成し、Yから敷金30万円の交付を受け、同年7月1日、Yに甲建物を引き渡しました。

ところが、Yは、令和2年7月30日に同月分の賃料の一部として5万円を支払った以外は、賃料の支払をしません。

そこで、私は、Yに対し、令和2年7月分から同年12月分までの賃料合計60万円から弁済済みの5万円を控除した残額である55万円の支払を請求したいと思います。

なお、Yは、Aに対して、令和2年12月2日に壺を売った50万円の売掛債権を有している以外には、めぼしい財産を有していないようです。

Yの言い分

私は、妻の父であるXから甲建物を賃借したのではなく、無償で甲建物を使用させてもらっています。敷金を入れたこともありません。

本件契約書の賃借人欄の氏名は明らかにXの筆跡ですし、私の氏名の横の印影は、私の三文判をXが盗用したものです。なお、Xは、週に2日は孫に会いに私の自宅に来ていましたので、この印鑑の在りかを知っていたはずです。ちなみに、私がXに5万円を支払ったのは、借りていたお金を返しただけです。

また、Bは、令和2年8月1日、Xに対し、弁済期を同年10月15日として50万円を貸し付け、令和3年1月5日、Xから、この借入金債務の支払に代えて、甲建物の賃料債権を譲り受けたそうです。そうであれば、私はXからの賃料請求を拒めることができるはずです。

もし、以上の主張が認められないのであれば、私は、Xに対して敷金30万円を差し入れていることになるはずですから、敷金返還請求権をもって相殺したいと思います。

第２　訴訟物

訴訟物（本試験の設問１(1)の解答）	賃貸借契約に基づく賃料支払請求権
訴訟物の個数	１個

主文・請求の趣旨（本試験の設問１(2)の解答）

被告は、原告に対し、55万円を支払え。

◆１　概要

賃貸人が賃借人に対し賃料を請求する訴訟です。賃料債権は、賃貸人が目的物を賃借人に引き渡し、賃借人の使用収益可能な状態に置けば、その後は、時の経過につれて日々発生するものと解されています。

もっとも、日々新たに発生した賃料債権は、既往のものと一体化しますから、訴訟物の個数は１個です。

◆２　一部請求

ア　概　要

原告は、令和２年７月から12月までの賃料を請求していますから、その総額は、本来60万円のはずです（賃料５万円の弁済は、請求権の一部消滅事由であり、請求原因では問題になりません）。しかし、そのうち55万円のみを請求していますから、この請求は一部請求になっています。

➡なお、被告は、そもそも原告と賃貸借契約を締結したこと自体を争っていますが、この賃料５万円の弁済の主張は、原被告間で賃貸借契約が締結されたことを推認させる間接事実の主張としての意味も有しています（本試験の設問１(4)(ii)の解答）。

イ　外側説

原告の一部請求に対し、５万円の賃料の弁済の主張が一部抗弁の先行自白になるわけでもありません。いわゆる外側説によると、一部請求に対し、一部弁済がされた場合、それは、請求されていない外側の部分から先に充当されるからです。本問において、５万円の賃料の弁済は、請求されていない外側部分（60万円のうちの５万円）に充当され、一部請求部分（60万円のうちの55万円）は何ら消滅しませんから、消滅の抗弁になり得ないという訳です（本試験の設問１(4)(i)の解答）。

3　民事保全

Ｙは、Ａに対する50万円の売掛債権以外には、めぼしい財産を有していないというのですから、この債権を仮差押えしておく必要があります。

なお、このほかに、Ｘは、Ｙに代位して、Ａを被告とする債権者代位訴訟を提起して、この売掛債権を自ら訴求するという方法も考えられますが、その訴訟を提起している間に、ＡがＹに弁済してしまい（民423条の5参照）、この売掛債権が消滅してしまうリスクがありますから、この方法は採るべきではありません（本試験の設問2の解答）。

第3　当事者の主張

1　請求原因

抽象的要件	要件事実
賃貸借契約の成立	X・Y　R2.6.15 甲建物　賃貸 賃料　月額10万円
目的物の引渡し	X→Y　R2.7.1 甲建物　引渡し
当該賃料に対応する期間の経過	R2.7～12の各末日の経過

ア　抽象的要件

賃料債権の発生原因として、①賃貸借契約の成立が必要であることはいうまでもありません。

賃貸借の冒頭規定である民法601条によると、賃貸借契約の成立要件として、目的物を使用収益させる合意、その対価である賃料支払の合意、及び、契約終了時の目的物の返還合意が必要です。

➡なお、いわゆる二段の推定により、本件契約書の成立の真正が推定されるところ、この推定を覆すだけの事情はなさそうですから、賃貸借契約の成立は認められそうです（本試験の設問4）。

また、賃料債権は、目的物が賃借人の使用収益可能な状態に置かれると、時の経過につれて日々発生すると解されていますから、賃料の発生原因として、②賃貸人が賃借人に目的物を引き渡したこと、③訴求している賃料に対応する期間の経過（令和2年7月～12月の各末日の経過）も必要となります。

なお、賃料の支払期限については、当月の末日払いとする合意がされていますが、民法614条（建物は月末払い）と同内容ですから、この合意の成立を主張する必要はありません。賃料の支払期限の合意の存在を主張しなければ、同条が適用され、令和２年７月から12月の各月末の経過により、賃料支払期限も到来したことになります。そして、この各末日の経過は、上記③と同内容ですから、上記③を主張すれば足ります（本試験の設問１⑶の解答）。

イ　要件事実

以上の抽象的要件に該当する要件事実は次のようになります。

①　Xが、令和２年６月15日、Yに対し、甲建物を賃料月額10万円で賃貸したこと

②　Xが、令和２年７月１日、Yに対し、甲建物を引き渡したこと

③　令和２年７月から12月までの各末日が経過したこと

2　債権喪失の抗弁

抽象的要件	要件事実
代物弁済の本来債務の発生原因	B・X　R 2.8.1 50万円　返還約束
	B→X　R 2.8.1 50万円　交付
代物弁済契約の成立	B・X　R 3.1.5 貸金債務の弁済に代えて 賃料債権の移転の合意

ア　概　要

原告が、賃料債権を、他人に譲渡したことで喪失したとの主張です。いったん原告に発生した債権がその後消滅したものですから、消滅の抗弁となります。

なお、この債権譲渡についていわゆる債務者対抗要件は具備されていませんが、債務者がこの債権譲渡を主張することは何ら制限されません（本試験の設問２⑴(ii)の解答）。

イ　抽象的要件

⑴　債権の譲渡原因は代物弁済契約です。本来債務は貸金債務であり、その支払に代えて賃料債権を移転するというものです。代物弁済契約をすることにより債権の移転の効果が生じます。

⑵　本来債務である貸金債務は、判例・通説によると、消費貸借契約の成立により発生します（第２章「１契約に基づく請求（総論）」２ウ⑵参照）。

そして、消費貸借の冒頭規定である民法587条によると、消費貸借契約の成立要件は「貸主が借主に金員を交付したこと」と「借主が当該金員の返還を約束したこと」です。

ウ　要件事実

以上の抽象的要件に該当する要件事実は次のようになります（本試験の設問2(1)(i)の解答）。

①　BとXが、令和2年8月1日、50万円の返還約束の合意をしたこと

②　Bが、同日、Xに対し、50万円を交付したこと

③　BとXとの間で、令和3年1月5日、上記貸金債務の支払に代えて、賃料債権を移転する合意をしたこと

◆3　敷金返還請求権との相殺の抗弁の成否

Yは、敷金返還請求権との相殺の抗弁を提出しようとしていますが、敷金返還請求権は、賃貸借契約が終了した後目的物を賃貸人に明け渡した時に発生するものです（最二小判昭和48年2月2日民集27巻1号80頁）。賃貸借が終了もしていない時点でのこの抗弁の提出は、主張自体失当というべきです（本試験の設問2(2)の解答）。

事項別索引

<す>

<せ>

<そ>

<た>

<ち>

<て>

<と>

法令条文索引

民法

商法

借地借家法

不動産登記法

民事訴訟法

民事訴訟規則

民事執行法

民事保全法

判例等索引

＜平成＞

要件事実入門（初級者編）第３版

平成27年５月15日　初版第１刷発行
令和４年１月31日　第３版第１刷発行

著　者　岡口　基一

発行者　株式会社　創耕舎

発行所　株式会社　創耕舎
〒136-0074　東京都江東区東砂4-24-3-332
コスモ21ザ・ガーデンズフォート
TEL／FAX　03－5875－0704
URL　http://soko-sha.com/

〈検印省略〉

印刷・製本　モリモト印刷株式会社

• 定価はカバーに表示してあります。
• 落丁・乱丁はお取り替えいたします。

ISBN978-4-908621-16-1 〈C3032〉